Wolfgang Johannes Bekh **Richtiges Bayerisch**

Wolfgang Johannes Bekh

Richtiges Bayerisch

Ein Handbuch der bayerischen Hochsprache

Eine Streitschrift
gegen Sprachverderber

Eingeleitet von Franz Josef Strauß

Bruckmann München

3., überarbeitete und erweiterte Auflage 1983, 13.–18. Tausend

Herstellung: F. Bruckmann KG, München, Graphische Kunstanstalten
Printed in Germany
ISBN 3 7654 1909 5
(ISBN 3 7654 1526 X 2. Auflage und Erstausgabe)

Inhalt

Auch ein Vorwort

In unserem Freistaat Bayern kann Gott sei Dank immer noch ein jeder meinen, was er will. Und da meinte doch jemand, daß sich aus diesem neuen bayerischen Sprachbüchl »nur dann etwas Sinnvolles machen ließe, wenn einer wie der Franz Josef Strauß ein Vorwort dazu schreibt«.
Dagegen darf ich nicht mit meiner Ansicht hinter dem Berg halten, daß ich die Meinung jenes Herrn erstens für falsch, zweitens für einen Irrtum, drittens trotzdem für eine besondere Ehr' und viertens für noch etwas halte. Aber darauf komme ich, wie vor allem Politiker zu sagen pflegen, später noch zurück.
Nun zu erstens: Besagte Meinung ist deshalb falsch, weil dieses Handbuch – daran kann überhaupt kein Zweifel bestehen – schon von Haus aus etwas sehr Sinnvolles ist! Denn wenn schon dieses fleißige, ernsthafte und fundierte Bemühen eines gescheiten Fachmanns, die liebenswerten Feinheiten unserer bayerischen Hochsprache über das oft grausame Kauderwelsch unserer Zeit hinüberzuretten, nichts Sinnvolles sein soll, dann weiß ich schier gar nimmer, was dann dieses Wort eigentlich noch bedeuten sollte.
Zweitens – zum Irrtum: Meine Anmerkung an dieser Stelle, daß seit einigen Jahren bayerische Bücher dieser Art sozusagen ins Kraut schießen, soll weder ein Werturteil sein noch das Verdienst solcher Arbeit schmälern. Im Gegenteil: In Anbetracht der sprachlichen Überfremdung, die gerade auch dieses Handbuch deutlich macht, kann es gar nicht genug gute Bücher dieser Art geben. Darüber hinaus füllt dieses Büchlein eine echte Lücke. Der Irrtum liegt meines Erachtens darin, daß nicht ein Vorwort, sondern Qualität und Bedarf Sinn und Zweck eines solchen Werkes bestimmen. Wenn es gar ein so treffliches, umfassendes und dabei auch noch so interessantes wie dieses Handbuch ist, dann kann ein Vorwort von Franz Josef Strauß dieses mit so viel klugem Fachwissen aufgeschmalzene Kraut bestimmt nicht fetter machen... Soviel zur Qualität.
Zum Bedarf wäre zu sagen, daß dieses Buch für alle bayerischen Landsleut' mindestens genauso notwendig ist wie alle anderen bayerischen Sprachlehren übereinander; das kann ich beweisen: Soweit sind wir nämlich schon, daß ein gewachsenes bayerisches Mannsbild bereits beim Schreiben dieses

Vorworts unsicher wird, ob einem vielleicht ein Patzer unterkommt, der, im Handbuch getadelt, den Regeln unserer Heimatsprache widerspricht. Das wär' für einen – was ich wegen der zunehmenden Rarität mit Stolz vermerke – echten Münchner eine schöne Blamasch! Es rentiert sich schon, das Handbuch bei der Hand zu haben.

Zum dritten: Es ehrt mich sehr, daß ich das Vorwort zu einem Werk schreiben darf, das so was gar nicht nötig hat. Aber nicht nur deshalb fühle ich mich dem Anliegen dieses Buches verpflichtet. Eine so eindringliche Warnung vor der Verflachung und Verarmung unserer Heimatsprache und der erschreckende Nachweis, wie sie immer mehr zu einer Fremdsprache verfälscht wird, sollte uns allen unter die Haut gehen!

Da sind nicht zuletzt auch die Politiker angesprochen und ermahnt. Welch triftige Gründe dies hat, wird ernsthaft an erstaunlichen Beispielen Bonner Gesetzesarbeit und ergötzlich, wenn auch nicht weniger ernst, im Kapitel »Stier gegen Bulle« demonstriert. Daneben geht dieses Handbuch besonders auch den Wirt an und den Bräu rundum im Land zwischen Main und Salzach. Sie mögen manches aus diesem Buch sich hinter die Ohren und vor allem auf die Speisenkarten schreiben. Darüber hinaus aber wendet sich dieses Buch als eindringlicher Appell an jeden, der sich im Herzen noch einen Stolz bewahrt hat auf sein Bayernland.

Ich kann nur wünschen, daß sich alle Leser mit mir (einschließlich der bayerischen Journalisten) verpflichtet fühlen, jeder an seinem Platz mitzuhelfen, im Konzert der europäischen Völker unsere bayerische Art und die so klang- und farbenreiche Sprache unserer schönen Heimat zu erhalten. Dabei tut dieser Ratgeber für Einheimische vortreffliche Dienste.

Das Viertens sei nun nicht mehr verschwiegen: Ich halte jene Meinung gelinde gesagt auch für hinterkünftig, also ganz typisch bayrisch. Der Mann ist wohl, wie man bei uns zu sagen pflegt, ein »Planer«.

Dazu hatte er eine Reihe von Möglichkeiten: Entweder er rechnete damit, daß ich Karl Valentins Definition vom »Vorwort« kenne, der es schlicht einen Blödsinn nennt, weil ein Vorwort eigentlich nur ein Wort ist und mit einem einzigen Wort auf der ersten Seite des Buches dem Leser nicht gedient wäre. So ein einziges Wort von mir könnte zwar nichts an-, aber auch nichts ausrichten. Oder aber es stimmt sein Plan, daß wegen (siehe Handbuch!) *dem* Vorwort vielleicht ein paar Exemplare mehr verkauft werden.

Mir kann das recht sein, denn ich wünsche dieses Buch in jede bayerische

Familie. Andererseits kann natürlich ein solcher Plan genausogut in die Hose gehen. Und nur wegen (laut Handbuch) *dem* Vorwort. Aber vielleicht hat der »Planer« doch recht: Es könnte ja auch sein, daß mancher dieses begrüßenswerte Handbuch *trotz* Strauß-Vorwort kauft. In der Hoffnung nämlich, ihn endlich als neuen Schmied von Kochel entlarven zu können, der mit Morgenstern und Dreschflegel statt wie weiland auf die Kaiserlichen nun auf alles, was nördlich der Mainlinie kreucht, draufhaut und an keinem da droben ein gutes Haar läßt.

Aber nix da! Unser deutsches Gemeinwesen soll beileibe nicht am bayerischen Wesen allein genesen. Dieses Büchlein will auch den anderen nicht unsere Sprache lehren. Wir wollen sie nur erhalten und bewahren. Das ist nicht nur unser gutes Recht, sondern sollte die Pflicht eines jeden sein, ganz gleich, ob er in Franken, in Schwaben, der Oberpfalz oder in Altbayern daheim ist. Unser Bayerntum bewahren wir nicht allein durch den Trachtenanzug und das Dirndlgewand. Dieses Buch sagt es deutlich: »Unser Bekenntnis zu diesem Staat wird allein an dem gemessen, was wir für ihn tun.«

Laßt uns darum mit diesem Handbuch auf Entdeckungsreise gehen in die Landschaft unserer heimatlichen Sprache und festhalten, was wir Köstliches dabei finden. Damit nicht aus dem Schäffler- bald ein Böttchertanz und aus dem Metzger- kein Fleischersprung in den Münchner Fischbrunnen wird...

FRANZ JOSEF STRAUSS

Einleitung

Wir haben uns daran gewöhnt, die deutsche und schließlich jede Schriftsprache als Hochsprache zu bezeichnen – dies geht auf die Lautverschiebung der oberdeutschen Sprache im sechsten und siebten Jahrhundert zurück. Hochdeutsch ist seitdem das Gegenteil von niederdeutsch.

Um die Mitte des zwanzigsten Jahrhunderts setzt eine gegenteilige Entwicklung ein: Eine Flut nord- und niederdeutscher Mundartausdrücke überschwemmt auf einmal diese Hochsprache, die man mehr und mehr – das ist beileibe kein Scherz – als Nieder- oder Tiefsprache bezeichnen müßte. Die neue Sprachregelung verdrängt eine bestehende Sprache Wort für Wort – inzwischen sind es Tausende von Wörtern – in den Dialekt. Das ist besonders für den Bayern schmerzlich, denn es sind ja nicht *seine* Volkssprachen, die da plötzlich dudenreif werden, was rechtmäßig wäre, sondern fremde Volkssprachen – Fremdsprachen, im wahrsten Sinn des Wortes. Aufs äußerste gefährdet ist also eine Sprache, die in Bayern Hochsprache war – und noch ist.

Es ist außerdem eine betrübliche Erscheinung (nicht im deutschen Sprachraum schlechthin, sondern speziell in der Bundesrepublik), daß keineswegs nur die mundartlichen, sondern weit entscheidender auch die hochsprachlichen Unterschiede der Regionen eingeebnet werden, in der Regel auf Kosten der bayerischen Besonderheiten.

Es gibt eine Reihe ernst zu nehmender und erschöpfender Veröffentlichungen über die bayerischen Volksmundarten. Erstaunlicherweise ist die bayerische Schrift- und Hochsprache weder in einschlägigen Wörterbüchern behandelt noch zum Gegenstand wissenschaftlicher Untersuchungen gemacht worden. Dabei ist die Beschäftigung mit ihr (zumal König Ludwigs I. Plan, die bayerischen Mundarten nach dem Beispiel der Niederlande zur Schriftsprache und Grammatik zusammenzufassen, nicht verwirklicht wurde) von wachsender Bedeutung. Ist es doch eine Tatsache, daß die Bayern eine Vielzahl von Ausdrücken verwenden, die nicht weniger richtig, gut und schön sind als anderswo gebrauchte, daß sie in der besten Sprache der Gebildeten ihres Landes Wörter anders betonen, anders aussprechen, Hauptwörter mit einem anderen Artikel oder einer anderen Mehrzahlform, Zeitwörter mit einem anderen Hilfszeitwort verwenden, als dies außerhalb Bayerns üblich ist. Wenn versucht wird, dies im vorliegenden Glossar darzustellen, kann es nicht ohne Verzicht auf das »Unterscheidende« geschehen; denn welches Wörterbuch wäre ohne das Unterscheidende (von einer anderen Sprache) denkbar? Die zwangsläufige Schwierigkeit solchen Unterscheidens liegt darin, daß die bayerische Hochsprache sich weniger von den Sprachen Liechtensteins, der Schweiz, Österreichs (denen sie durch Stammesverwandtschaften und Stammesgleichheiten verbunden ist), nicht einmal so sehr von den Sprachen Luxemburgs und der DDR abhebt als von der Sprache jener Staaten, mit denen Bayern in der Bundesrepublik zusammengefaßt ist, ja sogar von der Sprache millionenfach innerhalb der bayerischen Grenzen lebender Menschen.

Wir müssen zwei Wellen der Überfremdung der bayerischen Hochsprache unterscheiden: erstens die anglo-amerikanische, heraufbeschworen durch die Besetzung des Landes nach dem Zweiten Weltkrieg und Bayerns Eingliederung in das US-Imperium, zweitens die »Borussifizierungswelle« als Folge der Unterwerfung Bayerns unter eine landfremde Zentralgewalt neben der gleichzeitigen Überschwemmung des Landes mit über zwei Millionen Flüchtlingen, die vorwiegend aus den ehemaligen preußischen Ostgebieten kamen, und schließlich (Bevölkerungsstand vom Februar 1972) mit einem Heer von annähernd drei Millionen freiwillig aus dem deutschsprachigen Norden zugezogenen Neusiedlern. Seitdem glaubt man sich in der bayerischen Hauptstadt oft näher der schwedischen und dänischen Hochlautung als der bayerischen.

Es leuchtet ein, daß eine Aneignung und »Verheimatung« fremder Spracheinflüsse angesichts derartiger Gewalten nicht mehr möglich ist und einem Versinken der bayerischen Sprache in Kauderwelsch und Slang nur durch den betonten und praktizierten Willen zur Bewahrung, der ein Wille zur Unterscheidung ist, entgegengewirkt werden kann.

Verstehen wir uns recht: Gegen die deutsche Schriftsprache unserer Klassiker und Romantiker soll nichts ins Feld geführt werden; sie schrieben richtiges Deutsch. Wohl aber soll gegen die rasch fortschreitende Umwandlung der deutschen Schriftsprache in einen nördlichen Regionalismus, gegen ihre Verdrängung zugunsten eines aufgenordeten Stümmeljargons Stellung genommen und nachgewiesen werden, daß richtiges Bayerisch keineswegs schlechtes Deutsch ist.

In Bayern steht von jeher das Gewachsene gegen das Gewollte, das Organische gegen das Organisierte, das Sein gegen das Tun. Der Freyberger Laurentius drückt es in seinem Buch »Baiwarisches und Barockes« unnachahmlich treffend aus: »Das Leben als Sein ist beharrlich, hält zäh am Alten, verarbeitet auch das Neue in das Alte hinein.« Man denke nur an die barocke Ausschmückung romanischer und gotischer Kirchen, an die Untrennbarkeit heidnischen und christlichen Volksgutes.

Gewiß, auch die Sprache ist immer Mischsprache, läßt immer ein »sowohl als auch« zu. Eine Purifizierung, die keinen Umbruch, sondern vielmehr einen Abbruch darstellt, weil sie einseitig und »grad mit Fleiß« alles Bayerische auszumerzen trachtet, fordert allerdings eine stärkere Betonung der bayerischen Eigenart heraus.

Die oft gehörte Behauptung, daß eine Beeinflussung der Sprachgewohnheiten unmöglich sei und alles laufen müsse, wohin es laufe, ist ebenso durchsichtig wie unsinnig. Immer haben die Sprachgewohnheiten einer kleinen, freilich zur Verteidigung entschlossenen Minderheit die Sprache ihrer Generation bestimmt. Besonders in einem Zeitalter, das über hochentwickelte Mittel zur Beeinflussung der Massen verfügt (warum sollen sie der Zerstörung und Einebnung vorbehalten bleiben?), ist es möglich, durch das Zusammenwirken weniger Menschen erwünschten Einfluß auf die Mehrheit des Volkes zu gewinnen. Der heimische, gleichwohl schriftsprachliche Ausdruck »Schlagrahm« wäre ohne die Hilfe weniger bayerischer Großmolkereien kaum zu retten gewesen, die alpenländische und bayerische Volksmusik wäre ohne das »Steirische Raspelwerk«, ohne den unermüdlichen Fleiß eines Kiem-Pauli und eines Kurt Huber, ohne Schallplatte und Rundfunk für immer verschollen, im besten Fall zur toten Wissenschaft erstarrt. In der Bedeutung ihrer Möglichkeiten zur Beeinflussung breiter Volksschichten stehen die Schulen obenan.

Es ist nun so, daß ein Staat auf vielen Säulen ruht. Zu diesen Säulen rechnet nicht nur die Eigenart seiner Städte, Märkte und Dörfer, nicht nur die Ursprünglichkeit seiner Landschaften, Bodendenkmale, Bauernhöfe, Sakralbauten, Bräuche, Trachten und Speisen, auch und nicht zuletzt gehört dazu die Eigentümlichkeit seiner Sprache und ihrer gewachsenen, unverwechselbaren Ausdrücke. Bayern, das sind die Bayern selbst, und die Säulen, mit denen Bayern steht und fällt, sind wiederum die Bayern selbst. Ihr Bekenntnis zu diesem Staat wird an dem gemessen, was sie für ihn tun.

Fremdwörter und ihre Verheimatung

Wenn eine Sprache ihre Fähigkeit einbüßt, Wörter umzubilden und Fremdes durch Aussprache, Betonung und Schreibung zu Eigenem zu machen, ist das ein untrügliches Anzeichen für Schrumpfung, Erstarrung und Verfall. Bernhard Ücker erwähnt »die von der Unterhaltungsindustrie bedrohte Kunst des Erzählens, die der bedächtigen Ausschöpfung des Sprachschatzes abträgliche Hetze unserer Nachrichtenvermittlung« und befürchtet ein rationalisiertes Formeldeutsch, ein Basic-Deutsch mit fünfhundert Vokabeln. Mehr noch steht freilich zu befürchten, nämlich daß dieses Basic-Deutsch im letzten Akt des Trauerspiels allgemeiner Sprach-Schwindsucht dem Basic-Englisch Platz macht.

Anglizismen

Auf die Gefahr hin, zu ermüden, müssen die geläufigsten und häufigsten, eine ganze Sprache nachgerade verzehrenden Anglizismen angeführt werden. Wer sie in der Aneinanderreihung liest und als Bestandteil des eigenen Sprachgebrauchs wiedererkennt, wird betroffen sein, wenn er bedenkt, daß es sich dabei um einen sehr geringen Teil der tatsächlich schon eingeflossenen und in den meisten Fällen an die Stelle der bisherigen Ausdrucksweise getretenen Fremdsprache handelt:
live, time, top, crackers, night club, hobby, star, drink, party, weekend, okay, smart, darling, fit, down, clever, cape, trenchcoat, team, lumberjack, look, happy end, session, callgirl, gin, bluff, apartment, ladylike, king-size, cocktail, teenager, twen, managing, marketing, girl, boy, playboy, gentleman, good will, agreement, babysitter, mixed pickles, boss, service, appointment, test, musical, sexy, bowling, show, selfmademan, background, city, camping, gangway, groggy, sex, run, band, television, fashionable, song, business, trend, job, fair play, shop, hot, disc-jockey, publicity, story, understatement, slogan, teamwork, hit, western, spot, playback, snobbish, designer, music-box, barkeeper, quiz, beat, petticoat, feature, curling, crazy, plot, happening, poster, hearing, trip, petting, top, swimming pool, inn, grillroom, timing, know how...

Was soll man aber sagen, wenn auch der Duden das *Steckenpferd* nur noch als Kinderspielzeug und die Liebhaberei nur noch als »Hobby« führt? Und sollte nicht doch statt »Center« (der seuchenartig um sich greifenden englischen Adaptierung des lateinischen »centrum«) besser *Zentrum* gesagt werden (das ist die deutsche Adaptierung; die italienische heißt »Centro«, die französische »Centre«)? Es bleibt unerfindlich, warum im deutschen Sprachgebiet nicht die deutsche Übersetzung (hier die Aneignung) eines lateinischen Wortes, sondern die englische verwendet wird, zumal sich auch Begriffe wie *Mitte* und *Mittelpunkt* anbieten. Was gar die »City« gegenüber den längst eingeführten Bezeichnungen *Stadt, Altstadt, Innenstadt* oder *Stadtmitte* für einen Gewinn bringen soll, ist rätselhaft. Nun wird sogar das wie andere Weltstädte längst in die Landessprache aufgenommene Neu-York (in Spanien heißt es Nueva-York) rückanglisiert und zu »New York« (Nju York) verfremdet. Auch die deutschsprachige Werbung treibt sonderbare Blüten, denn es gibt allen Ernstes ein »Ritterbeer, ein Ritterbrau, ice-cold und fresh, made in Western-Germany« (wie »Coke« und »Sprite«).

Nun seien andere Einflüsse auf die bayerische Sprache dargestellt. Wie folgerichtig, fast spielerisch die von unseren Vorfahren aufgenommenen Wörter in die Mundart und in die unverwechselbare bayerische Hochsprache eingeschmolzen wurden, legt für ihre ungebrochene Kraft des Aneignens ein beredtes Zeugnis ab. Die Unterschiede zwischen Nord und Süd müssen wir dabei als die eigentlichen Unvereinbarkeiten verstehen, nicht jene zwischen Ost und West. Zu untersuchen wäre, ob die Differenz nicht auch »Katholizismus« (mit mediterranem Kult, mit Fasching, Mimus und Gaudium) und »Protestantismus« (mit dem nordisch-subjektiven Verhältnis zu Gott und Magister Gottscheds Kampf gegen den Hanswursten) heißt. Zwischen dem »bayerischen Rom« München und Rom selbst gibt es ebenso viele Berührungspunkte wie zwischen dem »sächsischen« Hamburg und dem angelsächsischen London König Heinrichs VIII. In beiden Fällen steht Emanzipierung gegen Bindung. Auch muß das runde Jahrtausend (800 bis 1800) in Betracht gezogen werden, als das Adriatische Meer zuerst ein – im politischen Sinn – baierisches und später ein österreichisches, immer aber ein baiwarisches Meer gewesen ist.

Wenn wir unseren Blick in die Vergangenheit wenden, sehen wir, daß es im deutschen Raum nichts Neues gibt. Während Heinrich der Vogler über das

Reich zu gebieten strebte (das ostfränkische), wollte Arnulf aus dem Geschlechte der Luitpoldinger nur über Bayern herrschen. Es war ihm groß genug, dem neidischen Heinrich und seinen Nachfolgern *zu groß:* es war nämlich ein eigenes Reich, das regnum bajuvariorum. Nicht nach Westen und Norden ging Arnulfs Blick. Sein Reich war im Osten und Süden verankert. Im Osten grenzte es an Ungarn (es ist heute noch die baiwarische Sprachgrenze), im Süden an das Langobardenreich mit seiner Hauptstadt Mailand. So war die Ausdehnung Bayerns im 10. Jahrhundert: von Nürnberg bis Wien, vom Lech bis nach Ungarn, vom Fichtelgebirge bis Treviso, Venedig, Triest und Istrien. Im 14. Jahrhundert war Bayern auf ein Drittel seiner einstigen Größe zusammengeschmolzen: Otto der Große gab Friaul und Verona (Bern) an Italien und machte Kärnten selbständig. Dann folgten die Abspaltungen Österreichs – ungefähr des heutigen Niederösterreich (in Randgebieten der Steiermark sagt man heute noch »Österreich«, wenn man das benachbarte Niederösterreich meint) –, des Egerlandes, der Steiermark, des Traungaus und Tirols.

Wenn jemand den antiken Inn (griechisch Ainos, lateinisch Aenus) als die natürliche Grenze zwischen den Bayern und ihren östlichen Stammesbrüdern bezeichnet und auf die alte Grenze zwischen Raetia und Noricum verweist, muß ihm entgegengehalten werden, daß die römischen Provinzgrenzen durch die eingewanderten Stämme beseitigt worden waren. Wie könnte es sonst kommen, daß jenseits des Inns, im Innviertel, obwohl seit 1816 österreichisch, bayerischer gesprochen wird als in Bayern selbst, daß weite Gebiete jenseits des Inns, von Wasserburg bis Salzburg, zum politischen Bayern gehören, daß die östliche Grenze des konstanten »Fünfecks« die Enns bildet und das mit Pflug und Kreuz in Besitz genommene Bayern bis zum alten Pannonien reichte, daß aber das ehemalige Raetia heute keineswegs nur bayerisches Staatsgebiet umfaßt, sondern auch italienisches, und daß auf dem Boden des alten Raetien der größere Teil der Schweiz liegt.

Nachdenklich stimmt es auch, daß Pannonien, Raetien und Noricum nicht zu Germanien gehört haben.

Lateinische Einflüsse

Ribisl – mittellateinisch ribes, arabisch ribas, Johannisbeere

Gugl – (davon *Guglhupf*) – cucullus, Tüte, Kapuze (die finster vermummten Kapuzenmänner der bayerischen Monarchie hießen *Guglmänner*)

Gred – gradus, Schritt, Tritt, Antritt, Stufe (vor der Haustür)

Lagl – lagona, Flasche, Krug (Fäßlein für Wasser, Wagenschmier, Salz, Fische)

Kukumer – cucumis, Gurke

Gspusi und *Gspons* – sponsus und sponsa, Braut und Bräutigam

Latirl – latinulus, Ladienerl (heute in der Bedeutung von Tölpel; kleiner Lateiner, eigentlich: Lateinerlein. Spottname für die der neuen Landessprache nicht recht mächtigen keltischen Ureinwohner der römischen Provinzen Raetien und Noricum in der Zeit um Christi Geburt)

Pulcher – pulcher, eigentlich »Schöner«, »Hübscher«, übertragen im abwertenden Sinn, ausgesprochen: »Pücher, Bücher«; das ist zwar wienerisch, aber bajuwarisch

Bua – puer, Bub, Knab, Knabe

Aur – auris, altbayerische Aussprache für Ohr

Straah – stratum (Lager), Streu

Wern – varix (Krampfader), Gerstenkorn am Lid

Progader – procurator, Verwalter, Stellvertreter, Geschäftsführer, für Hochzeitslader

Stadel – stabulum, Stall – stare, stehen. Die Herkunft des Stadels aus dem Lateinischen weist Johann Andreas Schmeller, der kein »Separatist«, sondern eher ein Deutschnationaler war, überzeugend nach: Herberge, Stall: stabulum. Der Stadelmeister: stabularius. Im Stadelhof: in curtibus stabulariis. Im Althochdeutschen findet sich: stadal, gesetzt für statio, stabulum, von stare überhaupt. Selbst auf Personen geht die alte Form stadul über: cumistadul, castaldus – cumistadel, pastor

Gstanzl (Stanzl) – stantia (von stare, sich aufhalten, anhalten), Abschnitt, Reimsatz, Gesätz

Senner – senior, der Ältere (rätoromanisch: segniun). Ob eine Verwandtschaft mit dem keltischen Wort »son« (für Zitze) vorliegt, ist nicht erwiesen.

Kas – caseus, Käse

Kammer – camera, Schlafkammer, Menscherkammer
Banzen – pantex, Panzer, Wanst, Geschwulst, für Faß
Lausbuben – von »laus tibi Christe«, Lob sei Dir, Christus, Responsorium der Ministranten
Kamisol – mittellateinisch camisia (Hemd, frz. chemise), Stoffweste mit halblangen Ärmeln und echtem Rücken
Föhn – favonius, lauer Frühlingswind, Zephir
Prägartl – prae, vor, Vorgärtlein
Tafern – taberna (Hütte, Laubhütte, verwandt mit Tabernakel), Wirtshaus
Seidlein, Seidl (die Hälfte der landesüblichen Getränk-Maß) (nach Schmeller sagen Städter lieber »die Halbe«; heute hat sich das Seidl bis nach Wien zurückgezogen und bedeutet dort etwa ein Quartl, genauer gesagt – wegen der anderen Eichung der Trinkgläser – ein Drittel des Liters, im übrigen gibt es noch in Teilen Mittelfrankens *»a Seidla Bier«*) – situla, Eimer
Spezi – specialis, besonders vertraut
Kinihas – cuniculus, Kaninchen, Stallhase
Kachel – cacabus, irdenes Kochgeschirr, Ofenkachel, ursprünglich griechisch κάκαβοζ, wurde in Bayern auch für gebrannte Wand- und Bodenplatten verwendet (man sprach von einem gekachelten Bad und von Delfter Kacheln). Die alt-niederdeutsche Vlise, niederländische vlijs und dänische vlize begann sich in Bayern erst nach 1945 durchzusetzen.
Gaudi, die – gaudium, Freude, hier aber in der Bedeutung der lauteren laetitia
Speicher – spicarium, Ort zur Aufbewahrung des Getreides
Grille, Grill (masc.) – grillus
Soler, Solera, Söller (gesprochen Soia, Soiara, Umgang oder Gang im Oberstock eines Bauernhauses) – Solarium (flaches Dach)
Tram (Trábm) (Balken) – trabs, trabis, trabalis (Balken); Schmeller zitiert: trabem faciat de festuca
Pfister (Bäcker, Müller; als Beispiel diene die Münchner Hofpfisterei und die Pfistergasse) – pistor (Bäcker, Müller)
Dägl (Tiegel) – tegula (Ziegel, insbesondere Dachziegel)
Ziegel – tegula (eine babylonische, von den Griechen übernommene und von den Römern vervollkommnete Erfindung; der Ziegel wurde in

Bayern bis an die Schwelle des zwanzigsten Jahrhunderts von Römern, die nun freilich Italiener hießen, gebrannt; der Bayer nennt seinen Ziegel römisch, seine Gotik ist keine »Backsteingotik«, sondern eine Ziegelgotik)

Stramen (Stroh, Heu, Streu, zusammengerecht) – stramen (Stroh, Streu)

Sechter (Schaff mit einem Handgriff, wie es der heilige Florian benützt) – sextarius (altes Getreidemaß = ¼ Schäffel)

Schober (Heuschober) – scopar (Lex baiuvariorum)

Fotzn (Gesicht, Mund) – facies (Gesicht)

Schanz (Würfelwurf) – cadentia (Fall)

Weiler (kleine Ortschaft, in Bayern gebräuchlicher »Derffl«) – villula (kleines Landhaus) oder viculus (kleines Dorf)

Vase – vas (Gefäß)

Leinwand, Leinen, Linnen – linum

Zins – census (Abgabe)

Zille (kielloser Kahn der Alpengewässer) – cymbula (Kähnlein)

Schurz – curtus oder scurtus (kurz)

Perpendikel (statt »Pendel« an der Uhr) – perpendiculum (Bleilot)

Palatschinken (Pfannenkuchen) von slawisch palacinka, ungarisch palacsinta, rumänisch placinta, das Urwort ist – placenta (Kuchen)

Kemoding (bei Rappoltskirchen), *Kemoden* (bei Vilsheim), *Kemnath* etc. (Ortsnamen) – caminata (ummauerter Raum eines Vornehmen)

Pfunzen (Ortsname) – pons (Brücke)

Wüa, Wia! Das Wort »Via« – der Weg – (fünfter Fall) ist sehr früh in die bayerische Sprache aufgenommen worden. Wenn der Landwirt seine Zugochsen und Pferde auffordert, sich *auf den Weg* zu machen, dann ruft er: – via

flacken – flacere, schlaff sein; flaccus, schlaff; im Sinne von: faul daliegen

ankenten – incendere, anzünden

flennen – flere, flevi (weinen)

aufleinen (weich werden; »da leint's eahna an Hintern auf!« sagte die Münchner Ratschkathl Ida Schumacher, wenn sie von den im Frühling eierlegenden Hühnern sprach!) – lenis (weich)

parieren (folgen; der Bayer gehorcht nicht, sondern er folgt; im Wort »folgsam« ist das in neueren Wörterbüchern kaum noch im Sinne von »gehorchen« gebrauchte verbum »folgen« erhalten) – parere

suzeln (Flüssigkeit einsaugen) – sucus (Saft)
monieren (mahnen) – monere (erinnern, mahnen)
halten und *haben* (bedeuten, zumindest in Altbayern, dasselbe. Wenn der Altbayer ruft: »Hab fest!« oder »Hab di stad!«, tut er es lateinisch. Da ist die Bedeutung von halten und haben auch dieselbe) – habere
weisen – visitare, zeigen, sehend machen, aufzeigen und in der Bedeutung von führen
fatschen – fasciare, binden, umwickeln *(Fatschenkindl)*
stad – stare, status feststehen, Zustand, hier Bedeutung von still sein (althochdeutsch: stati)
dasig (dasi) – tacitus, stillschweigend, stumm, ruhig, lautlos, übertragen für kleinlaut, einsilbig
lind (len) – lenis, nachgebend, gelind, sanft, weich
aper (eisfrei) – apertus (offen, entblößt) und aperire (öffnen, aufdecken)
heuer – huius (anni) nach »Parnassus Boicus«, 1731: »den 19. hujus« dieses (gen.)
parat – paratus (bereit, fertig)
fidel (in der Bedeutung abgewandelt) – fidelis (treu, zuverlässig)
rar (selten) – rarus (selten, spärlich)

Das Wort *Lacke* (statt dem indogermanisch verwurzelten »Lache« und dem althochdeutschen »lahha«) ist kein Mundartausdruck oder gar Sprachschlamperei, sondern ein schriftsprachliches, aus dem lateinischen »lacus« (für See) übernommenes Wort (der kleinsten Lacke wie dem größten Binnengewässer legt der Bayer gleichermaßen die Bezeichnung »See« bei; er spricht von den *Lacken*häusern beim Blöckenstein*see*).
Der *Radi* ist der Wurzel dieses Wortes im wahrsten Sinne näher, der lateinischen »radix« nämlich, als der Rettich.
»Ubi mammam mamicula opprimit aut...« sagt Plautus in seiner Komödie »Persa«: Rührend ist es, zu beobachten, wie das lautmalerische, beim Saugen als erstes über Kinderlippen tretende Wort die lebenspendende weibliche Brust bedeutet. Kommt gegen solchen Reichtum das fahle kleindeutsche »Mutti« auf?
Wir werden im folgenden, insbesondere bei der Behandlung der bayerischen Speisebezeichnungen, immer wieder auf bayerisch »eingewandete« Latinismen stoßen.

Aus dem Französischen

sind viele Wörter ohne Schwierigkeit in die bayerische Sprache aufgenommen worden:

Das Schmiserl – chemisette, ein städtisches Vorhemd, Hemdbrust
Die Allee – allée (aller), die Baumreihen zu beiden Seiten der Straße
Die Etasch – étage, das Stockwerk
Die Bagasch – bagage, eigentlich Gepäck, übertragen für Pack
Der Schandarm (Betonung auf der ersten Silbe) – gendarme, Landpolizist
Das Büfett – buffet, Anrichte (Anricht) mit Aufbau
Der Luster (gesprochen mit u) – lustre, Kronleuchter
Die Vakanz (gesprochen: Fakanz) – vacance, Ferien, zum Beispiel die *Hitzfakanz*
Das Blümo – le plumon, Federbett
Die Visasch – le visage, Gesicht, bayerisch: im verächtlichen Sinn
Der Spetakl – le spectacle, Schauspiel, bayerisch: Lärm
Das Schanzerl – la chance, Glücksfall, bayerisch: schöne Arbeit
pressieren – presser (lateinisch pressare), drängen, pressen, in Druck, in Eile sein
dischkerieren – discourir, einen Diskurs führen
passieren – se passer, sich ereignen
schikanieren – chicaner, ärgern, bayerisch: quälen
blamieren – blâmer, tadeln, bayerisch: bloßstellen
marod – maraud (schlechter Kerl), abgemattet, unpäßlich, krank
sä – c'est, da ist es, da hast du es.
Sakradi (Fluch) – sacredieu
mersse – merci, danke, bayerisch: Dank für eine Kleinigkeit
ha(n)? – Interjektion des Fragens: wie bitte? – hein?
such's Apportl! (Aufforderung an einen Hund) – apporter, herbeitragen

Es gibt andere Beispiele genug, *den Portier* (gesprochen wie geschrieben), *den Plafon, die Serviette, das Parterr, das Kuvert* (gesprochen: Kuffär), *den Schofför, die Adresse, das Paraplui* und *den Parasol* (beides für den Schirm). Am liebenswürdigsten sind aber *das Billett* (gesprochen wie geschrieben), *der Falott* (von falot, falote, närrisch, lächerlich), *die Schäsn*

(für Kinderwagen, von chaise, Stuhl), *das Schilet* (Weste), *das Potschamberl* (ein Paradebeispiel für die Assimilierung der Urform, die hier pot de chambre heißt), *das Trottoar* und *die Ora(a)nge* (die mit dem hellen a für das Umlaut-ä und, was dem bayerischen Gaumen geläufig ist, nasal gesprochen wird). Wie heimisch geht das alles ins Ohr. Wie gesucht klingen die sogenannten Übertragungen: Decke, Mundtuch, Erdgeschoß, Umschlag, Wagenführer, Anschrift, Eintrittskarte, Nachttopf (Nachtgeschirr), Bürgersteig, Apfelsine. Vollends wird solche Deutschtümelei durch die Verballhornung »Guten Hunger!« (statt *Guten Appetit*!) ad absurdum geführt. Bei dem aus Frankreich gekommenen *Hasarspiel* (von hazard – Zufall) geht es oft alles andere als *bagatellmäßig* zu (lateinisch baca, die Beere, italienisch bagatella, die ganz kleine Beere, französisch bagatelle). Sich *schinieren* ist ein echt bayerisches Wort. Der bayerische *Schinierer,* unterliegt er wirklich nichtbayerischer Anmaßung?
In Österreich heißt die Landpolizei noch, wie jahrhundertelang auch in Bayern: Gendarmerie. In Bayern ist der von der Berliner »Polente« verdrängte *Schandi* am Verschwinden. Die offizielle Benennung ist ja (bundeseinheitlich) »Landpolizist«. Nur: das Spiel vom »Räuber und Landpolizisten« wird wohl nie kommen. Der »Bulle« soll uns in diesem Buch nur als niederdeutsches Synonym für das männliche Rind beschäftigen.

Was sonst noch eingebayert wurde

Wenn es schon eine so unangenehme Erscheinung wie *den Katarrh* (vom griechischen »katarrhein«, herabfließen) geben muß, ist er immer noch besser als der sogenannte »Schnupfen«, diese bläßliche Erfindung, zumal man (nicht nur hierzulande) mit dem Schnupfen die Vorstellung einer Tätigkeit, einer recht gesunden übrigens, keineswegs einer Krankheit, verbindet.
Der vertraute Slowak, Kroat und Slowene wurde zum vertraulich gemeinten *Schlawak, Krawat, Schlawiner* und *Schlawuzi.*
Straße, Weg und Bahn sind verwandte Begriffe, die im Grunde dasselbe meinen. Daher wurde das englische Wort »railway« (Schienenweg) sinngemäß richtig mit »Eisenbahn« übersetzt. Bahn allein zu sagen wäre falsch; auch der Engländer könnte nicht way allein sagen, wenn er railway meint, denn es gibt ja viele Arten von ways – viele Arten von Bahnen (die Eisbahn

zum Schlittschuhlaufen oder Eisstockschießen ist eine davon, oder die Kegelbahn, die Aschenbahn, die Rennbahn, die Autobahn). Anders steht es mit dem Wort Tramway. Way läßt sich, wie wir hörten, mit Bahn übersetzen. Also: Trambahn. Nicht aber läßt sich Tram oder Trame (das bayerische Wort für Balken, Schwelle, von der lateinischen trama für Faden und Gewebeeinschuß) mit dem Wort Straße übertragen, denn »Straße« bedeutet ja dasselbe wie »Bahn«. Demnach entpuppt sich der schon amtlich gewordene Terminus »Straßenbahn« als »Straßenstraße«: ein Pleonasmus wie der berühmte »weiße Schimmel«. Und nun beginnen auch die Bayern »Straßenbahn« zu sagen. Richtig ist und bleibt aber allein *die Trambahn*.
Der *Omnibus* ist französischer Herkunft. Von der »voiture omnibus« ist die lateinische Hälfte »Omnibus« (für alle) übriggeblieben. Der sogenannte »Autobus« ist eine nicht minder beklagenswerte Verballhornung wie die »Straßenbahn«. Drei oder vier Jahre lang liefen die Hafer-Omnibusse noch neben den neumodischen Motor-Omnibussen her. Für diese drei oder vier Jahre wurde zum Zwecke der Unterscheidung das unglückliche Wort »Autobus« geprägt. Denkt heute jemand, wenn er einen »Omnibus« fahren sieht, noch an Rösser?
Die *Pfaid* (mundartlich Pfoad) für den Mannsrock, später das Hemd, heißt gotisch paida, griechisch βαιτη.

Nun zu italienischen Wurzeln:
Maschkera – maschera, Larve, Maske
Spassettl – spasso, Lust, Zeitvertreib
Salettl – Pavillon, Gartenhaus, Laube – Saal, mit italianisierender Verkleinerungs-Endung
Spagatschnur – spaghetto, Bindfaden (vergleiche spaghetti)
Hartschier (Leibtrabant der bayerischen Monarchen, ehedem zu Pferd) – arciero (von arco, der Bogen)
Gusto (Geschmack) – gusto (im Lateinischen Iterativ: kosten)
scharmutzieren – scarmuccia – Geplänkel, bayerisch: liebeln
watscheln – vacillare, wanken, bayerisch: gehen wie eine Ente
mankeln – mancare, fehlen, bayerisch: betrügen
matsch – matto, erschöpft
aper – aprico, offen, unbedeckt, bayerisch: schneefrei; wahrscheinlicher ist die lateinische Herkunft

Die Stranitze (eigentlich Starnitze) heißt im Italienischen scarnuzzo. Wenn einer nicht *sekkiert* (belästigt, geplagt) sein will, beruft er sich auf den italienischen Ausdruck seccare (verwandt mit dem althochdeutschen »sach«). *Der Bambs* kommt vom italienischen »bambino«, und die Bezeichnung für den Italiener selber: *Katzlmacher,* kommt von seiner in Bayern ursprünglich bekannten Erscheinung als herumziehender Pfannenflicker: Er setzte die cazza (das italienische Wort für Schmelztiegel oder Pfanne) instand. *Die Gatze* ist ein Geschirr, gewöhnlich aus Kupfer, zum Schöpfen von Flüssigkeiten aus einem größeren Gefäß, daher mit einem Stiel versehen. Der Bayer unterscheidet die *Milchgatzen, Biergatzen, Maßgatzen* und *halbe* (Maß) *Gatzen.* Die *Viertelgatzen* ist ein *Gätzlein,* in der Mundart ein »Gatzl«; der sie macht (richtet), ist ein *Gatzlmacher* (Cazzlmacher). Der Weg zum Cazzl und zum Katzl war kurz: Der Katzlmacher war geboren. Schmeller führt ihn ziemlich gewaltsam auf den Fluch cazzo (Maria) zurück. Hier irrt Schmeller.

Fremdwörter und Lehnwörter

Die Eisenbahnfahrkarte nennt man in Bayern (wo 1835, wenige Jahre nach England und Frankreich, die erste dampfgetriebene Schienenbahn fuhr, für die Maffei in München die schnellste D-Zug-Lokomotive der Welt baute) keinesfalls »Ticket«, sondern von Anfang an *Billett.* Über andere Landstriche brandete nach 1945 die englische Fremdwortwelle, und man benannte die »Eisenbahnfahrkarte«, die in Bayern schon immer *Billett* hieß, (großmannssüchtig) wie das Flugzeug-Ticket...

Fisimatenten – Umständlichkeiten –; dieser Ausdruck ist die bavarisierte Form des französischen Satzes: Visiter ma tante. »Ich geh visiter ma tante.« »Mach keine Fisimatenten.« Nach Josef Martin Bauers Dafürhalten kommen die *Fisimatenten* aus dem Spanischen und bedeuten soviel wie das Jahrmarktsgeschrei: Vise ma tente – schaut mein Zelt an, kommt in mein Zelt!

Spital, Perron, Billett sind übrigens auch bei Hermann Hesse übliche Bezeichnungen.

Das Mundartwort *trawi* (sehr beschäftigt) geht auf das französische Verbum »travailler« (arbeiten) zurück.

Wie alles, was mit der Eisenbahn zusammenhängt (Coupé, Kondukteur; als der Lausbub Ludwig Thoma durchs Fenster aufs Trittbrett speibt, rufen die Fahrgäste: »Kondukteur!«), kommt auch das *Retourbillett*, das nicht »Rückfahrkarte« heißt, aus dem Französischen. Ebenso die *Loschileut* (Mieter) und die *Kurasch* (Mut). Wenn es einer eilig hat, so hat er's *pressant,* und *leschär* ist der Bayer von Natur aus. In der Küche tut man das Fleisch *tranchieren,* der Bub läuft zur Gassenschenke *vis-à-vis* und holt für den Papa Dreiquartel Bier – daher spricht man von einem *Drei-Quartl-Privatier –,* ja sogar das französische Verbum »pousser« wurde eingebayert, genauer gesagt einge*nieder*bayert; das Rütteln und Stoßen, wenn ein Fuhrwerk über Schlaglöcher holpert, heißt man hierzulande *boußn*; wenn etwas (oder jemand) stößt, dann *boußt* es (oder er).
Wie gesagt, ist auch das Italienische in den bayerischen Sprachschatz eingegangen. So kommt die bayerische *Beppn* vom italienischen pippio (Schnauze), nicht nur der *Bambs,* sondern auch die Bezeichnung *Bamperl* für etwas Kleines von bambino (Kind), die *Schieß* (Giebelseite des Bauernhauses) von schizzo (Umriß) und *gscherzig* von scherzo.

So heißt es auf bayerisch

Dürfen wir uns bei der anglo-amerikanischen Fremdwortwelle noch der Hoffnung hingeben, daß nicht alle importierten Wörter sich in Bayern behaupten können, so muß unsere Hoffnung angesichts der Einfuhrschwemme fremder deutscher Idiomata schwinden, weil diese einerseits von den auf Anpassung bedachten Bayern nur zu gern als das vermeintlich Bessere aufgenommen werden, und weil andererseits diese Aufnahme gezielte gesetzliche Stützung von außerhalb Bayerns erfährt.
Außerbayerische, in der Regel norddeutsche Idiomatik, die bei der Übernahme in die bayerische Umgangssprache von vielen Zuwanderern zugleich und höchst selbstsicher vertreten wird, erfährt weder der Aussprache noch der Schreibung nach eine Umformung. Daher beginnt sie die Heimatsprache, die nur noch von einer zur Minderheit schwindenden Bevölkerungsschicht getragen wird, zur Fremdsprache zu verfälschen. Der bayerischen Hoch- und Schriftsprache droht nicht allein – wie den bayerischen Mundarten – die Verflachung und Verarmung, sondern der glatte Austausch gegen eine andere Sprache. Auch mit der folgenden Gegenüberstellung soll wieder ein Hilfsmittel zur Unterscheidung geboten werden.

Hauptwörter

In Bayern heißt es:

nicht Sonnabend, sondern *Samstag*. Eine Bemerkung gegen dieses nationalistisch verengte Wortgebilde, das Bonifatius (eigentlich Winfrid) von den Angelsachsen gebracht haben soll, das Verballhornungen wie »Sonnabendabend, Sonnabendmittagskonzert, Sonnabendmorgenveranstaltung« erzeugt, ist angebracht. Nicht nur in Bayern, auch in ganz Süd- und Westdeutschland, in Österreich und in der Schweiz, also bei der überwältigenden Mehrheit aller Deutschsprechenden, heißt der letzte Wochentag *Samstag*. Der Ausdruck reicht über das griechische σαββατου bis ins Hebräische, also (wie die Semmel) in die Anfänge der Menschheit zurück. Er ist vom kirchlichen »Dies sabbati« abgeleitet und auch in die romanischen und slawischen Sprachen – französisch samedi, russisch ssubbota – übergegangen. Er trägt europäischen Charakter,

nicht Weihnachtsbaum, sondern *Christbaum* (sogar er kommt im bayerischen Volkslied kein einziges Mal vor. Das Erdinger Holzland führte ihn gegen 1920 ein. Der Bayer geht in der heiligen Zeit zum »Kripperl anschauen«. Die bayerischen und österreichischen Krippenlieder sind die schönsten auf der Welt),

nicht Weihnachtsmann, sondern *Sankt Nikolaus* (der am 6. Dezember gefeierte Bischof von Myra) oder *Christkind* (der neugeborene Erlöser),

nicht Heiligabend, sondern *Heiliger Abend.* Soviel Zeit müßte man sich gönnen, um dieses Wort auszusprechen, statt es auf eine Stufe mit dem »Sonnabend« zu stellen,

nicht Anlieger, sondern *Anrainer* (darin steckt noch die ursprüngliche Bedeutung jeder Grundstücksgrenze als Flurgrenze, aber auch die eigentliche Bedeutung des Wortes *rainen:* grenzen, stoßen),

nicht Aufkleber, sondern *Etikett,*

nicht Bottich (Bütte), sondern *Schaff* oder *Zuber,*

nicht Pulle, sondern *Flasche,*

nicht Streichhölzer, sondern *Zündhölzer,*

nicht spitze Tüte, sondern *Stranitze* (bei Landshut: *Staritze*),

nicht Litfaßsäule, sondern *Plakatsäule,*

nicht Schrebergarten, sondern *Heimgarten,*

nicht Müll und Müllabfuhr, sondern *Unrat* und *Unratabfuhr* (bis 1947 hieß die Münchner Unratabfuhr so),

nicht Korkzieher, sondern Korkenzieher oder besser *Stopselzieher* (der Korken ist ein *Stopsel*) (vergleiche die Stopsellocken),

nicht Serviererin, sondern *Kellnerin* (von Keller, mittellateinisch cellenarius; der sogenannte *Bierkeller* befindet sich im Freien; das Bier lagert unterirdisch in einem häufig aus dem Berg oder Felsen gehauenen Keller),

nicht Ober, sondern *Kellner,*

nicht Theke (niederrheinisch) oder Tresen (niederdeutsch), sondern *Schenke* (Schänke, Gassenschenke), *Schanktisch* (vgl. Schankerlaubnis) oder *Büfett,*

nicht Wasserbehälter im Herd, sondern *Grandel,*
nicht Eichhörnchen, sondern Eichkätzchen oder *Eichkätzlein,*
nicht Ziege, sondern *Geiß,*
nicht Sperling, sondern *Spatz,*
nicht Küken (engl.: chicken, holl.: kuiken), sondern *Küchlein* (vgl. Mussorgskis »Ballett der Küchlein in den Eierschalen«) oder *Biberl.* Das holländische »kuiken« wird »küken« gesprochen, so wie Duisburg »Düsburg«. Das »Küken« ist niederdeutsch, niederländisch und über »Düsburg« eingesickert. Richtiges Deutsch und richtiges Bayerisch ist es nicht. Im gesamten deutschen Sprachraum – unter anderen Schriftstellern auch bei Enrika von Handel-Mazzetti – schlüpfen aus den Eierschalen *Küchlein,*
nicht Scheune, sondern *Stadel* (»dastehen wie der Ochs am Stadeltor«, Eigenname Stadler) (»Scheuner« ist unbekannt),
nicht Harke, sondern *Rechen,*
nicht Beil, sondern *Hackl* oder *Hacke* (für Axt)
nicht Schippe, sondern *Schaufel,*
nicht Aufwartfrau, sondern *Zugehfrau,*
nicht Spülstein, sondern *Ausguß,*
nicht Groschen, sondern *Zehnerl* (zwei Zehnerl geben ein *Zwanzigerl*),
nicht Ladentisch, sondern *Ladenbudel,*
nicht Zauntüre, sondern *Gatter,*
nicht Hühnerkäfig, sondern *Hühnersteige,*
nicht Plätteisen, sondern *Bügeleisen,*
nicht Schornsteinfeger, sondern *Kaminkehrer* oder *Rauchfangkehrer,*
nicht Flur, sondern *Diele, Gang, Hausgang, Korridor, Fletz* oder (reg.) *Söller,*
nicht Kumpel, sondern *Kamerad, Gefährte, Freund, Spezl* oder *Bergknappe,*
nicht Steppke, sondern *kleiner Bub* (*Pumpernickel;* »I bin a kloaner Pumpernickel und hab an großn Sack, und weil i nixn drinna hab, drum bitt i um a Gab«),
nicht Teigroller oder Nudelholz, sondern *Nudelwalker* (er walkt den Nudelteig),
nicht Rasen, sondern *Wasen,*
nicht Krümel, sondern *Brösel* (von Brosamen). Noch ein Wort zum bayeri-

schen *Brösel*: Es ist das Diminutiv von *Brosam* und entspricht dem Verbum *bröseln*. Demgegenüber leitet sich die »Krume« vom niederdeutschen krum her, das dem niederländischen kruin und dem englischen crumb entspricht,

nicht Schnürsenkel, sondern *Schuhband, Schuhbänder, Schuhbandl* (Schuhbändlein), *Schuhriemen,*

nicht Gardine, sondern *Vorhang,*

nicht Füllhalter, sondern *Füllfederhalter* oder *Füllfeder,*

nicht Schaufenster, sondern *Auslage,*

nicht Backstein, sondern *Ziegel,*

nicht Geschoß, sondern *Stockwerk* oder *Stock,*

nicht Junge (der weit eher nach dem Gegenstück eines »Alten« verlangt als dem eines Mädels), sondern *Knabe, Jüngling, Bub* oder *Bursche,*

nicht Pelle, sondern *Haut* oder *Schale,*

nicht Küster, sondern *Mesner,*

nicht Fahrstuhl, sondern *Aufzug,*

nicht Kohlrübe, Steckrübe, sondern *Dotsche* (brassica napus),

nicht Klamotten, sondern *Habseligkeiten,*

nicht Braunmehl, sondern *Mehlschwitz* oder *Einbrenn,*

nicht braune Kuchen, sondern *Pfefferkuchen,*

nicht Kalbsmilch, sondern *Bries,*

nicht Stange (am Wagen), sondern *Deichsel,*

nicht Schorf (Grind), sondern *Rufe,*

nicht Glühwürmchen, sondern *Johanniskäfer* oder *Leuchtkäfer,*

nicht Graupensuppe, sondern *Gerstlsuppe,*

nicht Kirmes, sondern *Kirchweih, Kerwa, Kirta,*

nicht Färse (in Brandenburg gebräuchlich), sondern *Kuhkalb* (im Gegensatz zum *Stierkalb*),

nicht Haschen spielen, sondern *Fangermandl* spielen,

nicht Huckepack, sondern *Buckelkraxen,*

nicht Borke (niederdeutsch bork), sondern *Rinde,*

nicht Fußbank, sondern *Schemel,*

nicht Laken (plattdeutsch), sondern *Leilach* oder *Leintuch,*

nicht Kneifzange, sondern *Beißzange,*

nicht Ascher, sondern *Aschenbecher,*

nicht Quecke, sondern *Brachwurz* oder *Schnürgras,*

nicht Stopfen (Substantiv), sondern *Stopsel,*
nicht Hahn oder Hähnchen, sondern *Gockelhahn* oder *Gickerl,*
nicht Huhn, sondern *Henne* (*Henn'*) (vergl. Hendl),
nicht Pilz, sondern *Schwamm* (vergl. Schwammerl),
nicht Stellmacher, sondern *Wagner,*
nicht Bolzplatz (bolzen, niederdeutsches Umgangswort für systemlos spielen, das erst im 20. Jahrhundert auftauchte und vom Einwandererheer nach Bayern gebracht wurde, wo man unter bolzen etwas anderes versteht), sondern *Spielplatz,*
nicht Schoppen (niederdeutsch schopen) Wein, sondern *Viertel* Wein, bei Bier und Milch *Quartl,*
nicht Vorsicht, sondern *Obacht.*

Zeitwörter

nicht ballern, sondern *knallen,*
nicht blubbern, sondern *glucksen,*
nicht achtgeben, sondern *obachtgeben* oder *aufpassen,*
nicht lutschen, sondern *schlecken* oder *suzeln* (italienisch succiare, saugen),
nicht plätten, sondern *bügeln,*
nicht scheuern oder schrubben, sondern *reiben* oder *putzen,*
nicht einholen, sondern *einkaufen,*
nicht bohnern, sondern *wachsen,*
nicht kneifen, sondern *zwicken* (nicht Kneifer, sondern *Zwicker*),
nicht pieken, sondern *stechen* oder *zwicken,*
nicht gebrauchen, sondern *brauchen* (kaputte Sachen sind nicht mehr zu brauchen),
nicht verhaften, sondern *festnehmen* (siehe auch das über die Vorsilbe »ver« Gesagte),
nicht türmen, sondern *davonrennen,*
nicht beschummeln, sondern *übervorteilen,*
nicht klütern, sondern *basteln,*
nicht pulen, sondern *bohren,*
nicht quasseln, nölen, sondern *ratschen, schwätzen,*
nicht keilen, kloppen, sondern *raufen,*
nicht zurechtmachen, sondern *herrichten,*

nicht zuschließen, sondern *zusperren,*
nicht knarren, sondern *knarzen,*
nicht klappern (auf der Sense), sondern *dengeln,*
nicht töpfern, sondern *hafnern* (der Topf ist ein Hafen), vergl. Kap. »Nicht alles in einen Topf«
nicht langgehen, sondern *entlang gehen,*
nicht »ein Bein strecken«, sondern *ein Bein stellen,*
nicht »ein Brot schmieren«, sondern *ein Brot streichen*,
nicht »etwas abbekommen«, sondern *in Mitleidenschaft ziehen,*
nicht vorab, sondern *zuerst,*
nicht voran, sondern *vorwärts,*
nicht »nach da«, sondern *dorthin,*
nicht »nach drüben«, sondern *hinüber,*
nicht irre, sondern *närrisch* oder *narrisch,*
nicht ulkig, sondern *spaßig, gelungen, lustig,*
nicht artig, sondern *brav,*
nicht bis nun, bislang, sondern *bisher*.

Zur Wahl gestellt

Der Bayer verwendet für weich auch *lind* (lateinisch: lenis),
für hell auch *licht* (lichtes Bier und braunes Bier); man spricht von einem *lichten Ocker,* der Bayer trinkt *ein Quartl Lichtes,* Gustav Mahler bevorzugte Münchens *braunes Bier,*
für kleben auch *pappen* oder *picken* (von Pech),
für klebrig auch *pappig* oder *pickig* (pichig), (der *Papp,* der *Pick*),
für unwirsch auch *grantig,*
für bitter auch *hantig,*
für gemächlich auch *pomadig* (slawisch pomalu),
für schnell auch *geschwind,*
für prickeln auch *bitzeln,*
für antupfen auch *stupfen,*
für pflügen auch *ackern,*
für veredeln auch *pfropfen, belzen, bolzen* (einen Bolz einsenken),
für ausschimpfen auch *zusammenputzen,*
für aufräumen auch *zusammenräumen.* (Der Freyberger Laurentius hat

seine Beobachtungen über Baiwarisches und Barockes nicht auf-, sondern *zusammen*geschrieben),

für gehorchen auch *folgen,*
für beeilen auch (sich) *schicken* oder *tummeln,*
für hinken auch *hatschen,*
für (Holz) spalten auch *klieben,*
für Kleister auch *Mehlpapp,*
für Stadtrat auch *Magistrat,*
für Gießkanne auch *Spritzkrug,*
für Rücken auch *Buckel* (von buckeln, bücken),
für Lesezeichen auch *Einmerkerl,*
für Zweige von Nadelbäumen auch *Dachsen* oder *Daxen,*
für Kissen auch *Polster* (maskulin),
für Knoten auch *Knopf,*
für Krankenhaus auch *Spital* (von Hospital),
für Balkon auch *Altane, Laube* oder *Schrot,*
für Gebüsch auch *Staude* oder *Stauden,*
für Peitsche auch *Geißel,*
für Plane auch *Blache,*
für Jahrmarkt auch *Dult* (z. B. die Landshuter Barthlmädult),
für Puppe auch *Docke,*
für Schürze auch *Fürtuch,*
für Versteigerung auch *Gant,*
für Löschblatt auch *Fließpapier,*
für Taschenmesser auch *Feitel,*
für Fausthandschuh auch *Fäustling,*
für Gärteig auch *Dampferl (Dämpferl),*
für Räucherkammer auch *Selch,*
für Eiweiß auch *Eiklar,*
für Wacholder auch *Kranewitt,*
für Rosine auch *Weinbeerl,*
für Türklinke auch *Türschnalle,*
für Einöde auch *Einschicht,*
für Lakritze auch *Bärendreck,*
für Patin und Pate auch *Godin* und *Göd,*
für Tümpel auch *Gumpen,*

für Mütze auch *Haube,*
für Zugabe (Fleisch) auch *Zuwaage,*
für Zugabe (Musikdarbietung) auch *Dreingabe,*
für Konditor auch *Zuckerbäcker,*
für Quirl auch *Strudel,*
für Splitter (Holz) auch *Spreißel* oder *Schiefer,*
für Staubwedel auch *Flederwisch* (von fledern, flattern; ehedem war es meistens ein Gansflügel),
für Lumpen auch *Hadern* (im ältesten nachantiken Weihnachtslied, einem baierischen, das die sieben sogenannten Cimberngemeinden in Venetien heute noch singen, ist das Jesuskind eingewickelt in »an hüderle gröbe«),
für Treppe auch *Stiege,*
für Stufe auch *Staffel* (davon kommt die *Staffelei,* die keine Tretleiter ist; das liturgische Stufengebet heißt *Staffelgebet*),
für »ungefähr... Stück« auch *Stucker...* (die bestimmte Zahl abschwächend),
für Donnerstag auch *Pfinstag* (ein Wort, das nicht minder ehrwürdig als das Wort »Pfingsten« ist; es bezeichnet den fünften Tag der Woche, vom Sabbat – Samstag – an gezählt, den »quinta sabbati«, wie Pfingsten den fünfzigsten Tag nach Ostern; also Pfinstag »der fünfte«, Pfingsten »der fünfzigste«.)

Richtiges Bayerisch sind auch Ausdrücke wie: Eritag (Dienstag), Plätzerl (Plätzle, Platzl), Maßkrug, Maß (feminin), Hirschgrandln, Rehgwichtl, Wassergrand, Hagebutten oder Hiefen, Kistler (Schreiner), pumpern (anklopfen), schnackeln (mit dem Finger), Zelten (pl.) (flaches Backwerk, Fladen, Kuchen). Bekannt sind Leinzelten (mit Leinsamen), Äpfel-, Birn-, Zwetschgen- und Lebzelten (Lebkuchen); sie werden häufig mit Honig zubereitet – vom Lebzelter, der auch Wachswaren feilhält, überhaupt Impenwaben und ihren Inhalt veredelt. Zeltln sind Gutln. Nennt man einen Menschen einen »Zelten«, so hat man wenig Schmeichelhaftes für ihn übrig.

Keine e-Endungen!

Der Bayer sagt nicht Liege, sondern *Bettstatt, Diwan* oder *Sofa,*
nicht Trage, sondern *Bahre,*

nicht Reiche oder Durchreiche, sondern *Loch, Lucke, Schiebfenster* oder *Schalter,*
nicht Kleide, sondern *Umkleidung* oder *Umkleidungskabine,*
nicht Reibe, sondern *Reibeisen* (geht auf das Mittelhochdeutsche zurück),
nicht die Schelte, sondern *das Schimpfen* oder *der Schimpf* (siehe das Kapitel von der Bildung des Geschlechts),
nicht Dresche, sondern *Prügel* (von prügeln) oder *Schläge* (Schläg, gesprochen »Schleg«),
nicht Senge, sondern *Prügel* oder *Schläge,*
nicht Feuchte, sondern *Feuchtigkeit,*
nicht Dichte, sondern *Dichtigkeit,*
nicht Jauche, sondern *Odel,*
nicht Leuchte, sondern *Leuchter* oder *Licht,*
nicht Pappe oder Pappdeckel (vergl. Pfannkuchen), sondern *Pappendeckel,*
nicht Kohlebergbau, sondern *Kohlenbergbau,*
nicht Blasebalg, sondern *Blasbalg* (vergl. Schweinefleisch, *Schweinfleisch*),
nicht Mausefalle, sondern *Mausfalle,*
nicht Tagewerk, sondern *Tagwerk,*
nicht blitzeblank, sondern *blitzblank,*
nicht Pusterohr, sondern *Blasrohr,*
nicht Reinemachefrau, sondern *Putzfrau,*
nicht lose, sondern *locker* oder, wenn es sich um unverpackte, also offene Ware handelt, *offen.*

Der Bayer bevorzugt nicht Idylle, sondern *Idyll,* nicht Mennige, sondern *Mennig,* nicht Steige, sondern *Steig,* nicht Enge, sondern *Eng* (bei Hinterriß), nicht Münde (Travemünde), sondern *Gmund, Gmunden,* nicht Philologe, sondern *Philolog,* nicht alleine, sondern *allein,* nicht vorne, sondern *vorn,* nicht feige, sondern *feig,* nicht müde, sondern *müd.*
Statt Beichte sagt der Bayer richtig und schriftsprachlich *Beicht,* statt Hirte *Hirt* (vergl. die bayerischen Herkunfts-Eigennamen: für Sachse *Sachs,* für Franke *Frank,* für Hesse *Heß,* für Böhme *Böhm*).
Sogar der Kinderreim wird nicht als Hoppe-Reiter, sondern als *Hopper-Reiter* gebildet.
Die Eindeutschung der *Annonce* (oder des *Inserats*) wurde in Berlin besorgt, und man sieht es dem Wort »Anzeige« (statt allenfalls »Anzeigung«)

heute noch an. Auch die *Denunziation* als juristischer Begriff wurde am Anfang des 19. Jahrhunderts mit »Anzeige« übersetzt.

In die Rubrik »Schweinefleisch« (das nur von einem einzigen Schwein stammt) gehört auch das »Tageblatt«, das mitnichten für mehrere Tage, sondern immer nur für einen einzigen Tag herauskommt, also richtig *Tagblatt* heißt.

Bayerische Vorliebe für an-

Der Bayer bevorzugt
nicht beginnen, sondern *anfangen* (»Im Anfang war das Wort«),
nicht befeinden, sondern *anfeinden,*
nicht befeuchten, sondern *anfeuchten,*
nicht befreunden, sondern *anfreunden,*
nicht behauchen, sondern *anhauchen,*
nicht bekleben, sondern *ankleben* oder *anschlagen* (bis 1947 stand auf den Münchner Sandkisten und anderen Bretterwänden zu lesen: »Anschlag verboten«. Seit 1947 heißt es an denselben Wänden: »Bekleben verboten«),
nicht bekleiden, sondern *anziehen* oder *anlegen* (zwischen den Weltkriegen von Berlin übernommen ist die fremde Bezeichnung »Bekleidung«, »Bekleidungshaus«),
nicht beknabbern, sondern *anknabbern,*
nicht bemalen, sondern *anmalen,*
nicht berühren, sondern *anlangen, anfassen,*
nicht besäen, sondern *anbauen,*
nicht beschaffen, sondern *anschaffen* (auch für befehlen),
nicht bescheinen, sondern *anscheinen,*
nicht beschleichen, sondern *anschleichen,*
nicht beschmieren, sondern *anschmieren,*
nicht beschuldigen, sondern *anschuldigen,*
nicht beschwindeln, sondern *anschwindeln,*
nicht besehen, begucken, sondern *ansehen, anschauen,*

nicht besiedeln, sondern *ansiedeln,*
nicht Besiedlung, sondern *Ansiedlung* (Ansiedelung),
nicht bespritzen, sondern *anspritzen,*
nicht bespucken, sondern *anspucken,*
nicht bestreichen, sondern *anstreichen* (der *Anstreicher,* nicht der »Bestreicher«),
nicht bestecken, sondern *anstecken,*
nicht betrachten, sondern *anschauen,*
nicht betreffen, sondern *anlangen, angehen,*
nicht bezeigen, sondern *anzeigen,*
nicht bewerfen, sondern *anwerfen* (nicht Bewurf, sondern *Anwurf*),
nicht bezweifeln, sondern *anzweifeln,*
nicht sich betrinken, sondern *sich antrinken,*
nicht »was das belangt«, sondern *»was das anlangt«* oder *»angeht«.*

Die tiefere Ursache für dieses Grundgesetz der bayerischen Hochsprache haben wir in einer Eigenart der bayerisch-österreichischen Mundarten zu suchen, die kein »b'rühren«, »b'pinseln«, »b'schmieren« zulassen, sondern nur ein o'langa, o'streicha, o'schmiern – allenfalls ein *Ausschmieren.*

Bayerische Abneigung gegen ver-

Ähnlich hat der Bayer eine Abneigung gegen die Vorsilbe »ver«, wenn er etwas Einhüllendes, Umschließendes ausdrücken will.

Er sagt
nicht verriegeln, sondern *zuriegeln,*
nicht vermauern, sondern *zumauern,*
nicht verschnüren, sondern *zuschnüren,*
nicht versperren, sondern *zusperren,*
nicht verdecken, sondern *zudecken,*
nicht verschließen, sondern *zuschließen,*
(vergleiche: verhaften und festnehmen)

Als mißverstandener Bavarismus kommt das Verbum »verkraften« in Schwang. Der Bayer sagt aber »*(d)erkraften*«.

Weitere Unterschiede

Noch andere *schriftsprachliche bayerische* Bezeichnungen seien den immer mehr an Boden gewinnenden fremden gegenübergestellt:

Lausejunge – *Lausbub,*

Brotende – *Scherzl, Scherz* (italienisch scorza – Rinde),

Graubrot – *Hausbrot,*

kroß (»Ach, wie kroß ist dieser Reibekuchen!«) – *rösch (resch),*

dies Jahr – *heuer* (*heuriger Wein, heurige Erdäpfel*),

Knüppel (Knubbe) – *Knüttel* (der *Gummiknüttel*),

Puste – *Schnaufer,*

Kneipe – *Beisl* (nicht Weinkneipe, sondern *Weinbeisl*) (analog mdtl.: *Boazn* vom hebr.: bajit, Haus),

Schnake – *Gelse* oder *Staunze* oder *Stechmücke,*

der Ball – *der Ballen* (der *Schneeballen,* der *Roßballen,* vergleiche: Der Armreif – *der Reifen.* »Der Billardmarqueur prüft mit kriegerischen Hintergedanken das Kaliber der Ballen.« Daniel Spitzer, 1882),

Schuppen (niederdeutsch schoppen, englisch shop, wie niederdeutsch droppen, englisch drop) – *Schupfe* oder *Schupfen* (Verschlag; vergleiche strampeln und *strampfeln,* Kopp – »Knallkopp« – und *Kopf*),

Kiefer (eigentlich Kienföhre) – *Föhre,*

Krummkiefer – *Latsche* (Legföhre),

Griebs (vom Apfel) – *Butzen,*

Strippe – *Riemen,*

Giebelseite – *Schieß,*

Kaufmann – *Kramer* (oder *Kramerin*), *Ladner* (oder *Ladnerin*) (man geht nicht zum Kaufmann, auch nicht in den »Tante-Emma-Laden«, sondern in den *Kramerladen*, in den *Laden*, ins *Geschäft*, in die *Kolonialwarenhandlung*).

Selbst im *Weh* (nicht Kopfschmerzen, sondern *Kopfweh,* nicht Halsschmerzen, sondern *Halsweh,* nicht Bauchschmerzen, sondern *Bauchweh,* nicht Zahnschmerzen, sondern *Zahnweh*) gibt sich der Nichtbayer mit dem Ruf »Aua!« (für *Au*!) und »Auweiha!« (für *Auweh*!) zu erkennen. Ein doppeltes Weh, ein *Wehweh,* ist höchstens ein halbes Weh.

Für das neuartige Wortgebilde »Flugzeug« erfand sich der Bayer – vor 1918 – die eigene, menschlichere Spielart: »*Flieger*«.

Den vom Wanderzirkus bekannten *August* oder *Dummen August* zieht er dem »Clown« vor.
Der Bayer kennt keinen »Kasten Bier«, schon aus dem Grund, weil er unter Kasten einen Schrank versteht, sondern höchstens ein *Tragl* oder einen *Träger* Bier.
Für Pickel sagt der Bayer *Wimmerl* und bezeichnet damit, weil es *lästig* ist, auch lästige Menschen. (Der *Pickel* ist ein Werkzeug, das bei ihm nicht Spitzhacke heißt.) Er kennt nur den *Pinkel* oder *Binkel;* der ist aber ein recht gedunsenes Wimmerl, eher schon eine kleine Geschwulst.
Die Knochen *sind* nicht nur aus Bein (ein Schrei dringt durch »Mark und Bein«; ein Mensch ist nur noch »Haut und Bein«), sondern heißen auch so: *Beine* (das ossarium ist ein *Beinhaus*).
Der Bayer sagt nicht »alle« (für »zu Ende«), sondern *aus* und *gar* und bekräftigt es mit dem Spruch: »Aus is' und gar is' und schad is', daß' wahr is'!«
Das Wort »Himmelfahrt« allein drückt nicht aus, welches Fest gemeint ist, kennt man doch (nicht nur in Bayern) *Mariä Himmelfahrt* und *Christi Himmelfahrt.* Letzterer heißt auch *Auffahrtstag*.
Man sagt in Bayern hochsprachlich
scheckig (statt gescheckt), mittelhochdeutsch schecket (heute mundartlich »gescheckert«),
nackig (statt nackt; mittelhochdeutsch nacket, heute mundartlich »nakkert«), spricht von einem *nackigen Mann,* nicht von einem nackten Mann, sagt *heiklig* (für heikel), nennt ein Laienspiel »Der *noblige* Hochzeiter« und fürchtet einen *spitzigen* Ellenbogen.
Der Bayer fragt: Bist du zufrieden mit der *Deinigen*? (nicht: mit der Deinen), er spricht von einem Landsmann als einem der *Unsrigen* (nicht: einem der Unsern), er *vereinigt* sich (vereint sich nicht) in einer Vereinigung.
Er spricht im Glaubensbekenntnis von den »*Lebendigen* und den Toten« (nicht von den Lebenden). Schon bloß betonungsmäßig wird »lebend« höchst unglücklich im Munde des Bayern zu »lemd«, »lebendig« aber zu »le*wen*dig«. Die bayerischen -ig-Formen (teurig wie billig) sind alte Formen: Jung-Stilling sagt in seinen (schriftsprachlichen) Lebenserinnerungen: kühlig und weißig. Der Innviertler aber »weißt« seine *Weißdecke* auch heute noch nicht, sondern *weißigt* sie.
Der Bayer kennt wohl den Morgen, dessen Stund Gold im Mund hat, sagt

aber nicht »am Morgen«, sondern *»in der Frühe«* (früh, wenn die Hähne krähn), *»heute früh«*, und vermeidet Paradoxe wie »heute morgen«.

Bayerische Besonderheiten

Der Filter ist in Bayern kein Neutrum, sondern ein Masculinum. Man ist auch in Bayern keinesfalls »da«, wenn man *dort* ist. Wenn ein Bayer, falls es ihn wirklich einmal in die Fremde zieht, nach Castrop-Rauxel fahren sollte, wird er nicht sagen: »Morgen um zehn Uhr bin ich da«, sondern: *Morgen um zehn Uhr bin ich dort!* Er kann auch, wenn er sich verspätet, nicht »spät sein« (»Sie sind spät«), sondern höchstens *zu spät kommen* (»Sie kommen zu spät«) oder *zu spät dran sein.* Eine Uhr geht auch nicht »zu spät«, sondern *geht nach.* Und der Bayer kommt nicht »eine Viertelstunde früher oder später«, sondern *um eine Viertelstunde früher oder später* (Hans Carossa: Das Jahr der schönen Täuschungen). Übrigens ist auch die nordländische »Kiefer« (in der bayerischen Holzverarbeitung laut nördlicher Sprachregelung Vorschrift!) nichts anderes als eine *Föhre,* eine »Kienföhre« nämlich, eine, aus der man Kienspäne schneidet.

Der Bayer trinkt kein »kleines Bier« (Frollein, 'n kleenet Bier!), sondern ein *Quartl Bier.* Er »fegt auch nicht Krümel von der Erde«, sondern *kehrt Brösel vom Boden.* Der Norddeutsche sagt »lose«, wenn der Bayer entweder *offen* oder *locker* sagt. Erbsen, Mehl und Zucker kauft man in Bayern, unter welchen Umständen auch immer, nicht »lose«, sondern *offen.* Eine Glühbirne aber ist nicht »lose«, sondern *locker.* Das Fremdwort »lose«, das sich sogar in urbayerischen Raiffeisenkassen durchzusetzen beginnt (»I kriag an losen Kunstdunga«), wird uns noch beim Kapitel über die e-Endungen beschäftigen. Bei Paula Grogger (Steiermark) und Richard Billinger (Innviertel) gibt es, wie in ganz Bayern, die Bezeichnung *Scher* und *Schermaus* für »Maulwurf« und »Wühlmaus«. Und Hermann Hesse, der kein Bayer war, aber ein Oberdeutscher immerhin, schreibt nicht »Ziegen, Bullen und Wölkchen«, sondern *Geißen, Stiere und Wölklein.* Die bayerische *Pratze* (Pratzn), hat nichts mit einer Pranke zu tun, eher mit einer Tatze, und ist ein Mordstrumm Hand. Durch ein *Prätzlein* (Pràtzl) werden Eisenteile im Mauerwerk verankert. Die Umlautung »hält« und »lädt« ist dem Bayern fremd. Noch bei Schiller »lädt der See« nicht »zum Bade«, sondern *er ladet zum Bade.* (Richtiges Bayerisch ist kein schlechtes Deutsch!) Der Bayer *haltet* ein Gewehr in der Hand und *ladet* es. Und er hat dazu immer Patronen *verwendet,* nicht »verwandt«. »Verwandt« sind bei ihm nur Bruder und Schwester, Vater und Sohn. Wenn es sich nicht um die »Verwandtschaft« handelt, wird ein Ding *verwendet.* Und ein Päcklein wird von der Post nicht »versandt«, sondern *versendet.* Und bayerische Hofhunde »bellen« nicht, zumindest auf dem flachen Land, sondern *kaußen.*

Die Zehnen – dreimal darfst du raten, lieber Leser, was damit gemeint sein könnte. Nein, keine Zehen sind gemeint, sondern – *Zehner*! Singular: *Der Zehner,* Plural: *Die Zehner.*

Und noch ein paar Zeitwörter: Gebräuchlich ist nicht mampfen, sondern *pampfen,* nicht verpassen, sondern *versäumen,* nicht zanken, sondern *streiten,* nicht zerkrümeln, sondern *zerbröseln.* Einige Hauptwörter: Nicht Pappmaché (es gibt keine Pappe), sondern *Papiermaché,* nicht Holzklotz, sondern *Holzstock* (»Der steht da wie ein Holzstock«), demzufolge nicht Holzklötzl, sondern *Holzstöckl,* nicht Hackklotz, sondern *Hackstock.* Weiter: Nicht Backenzahn, sondern *Stockzahn,* nicht Schluckauf, sondern *Hätscher* oder *Schnackler,* nicht schlechte Laune, sondern *Grant* (m), nicht »mit Absicht«, sondern *mit Fleiß.* In Bayern ist man *ausgeschämt,* wenn man wo anders höchstens unverschämt ist, sagt nicht »ab und an«, sondern *ab und zu,* nicht meinetwegen, sondern *von mir aus,* nicht schnell, sondern *geschwind* (»Landshuter Geschwindnudeln« sind keine »Schnellnudeln«), nicht eben (im Sinn von »genau«, »akkurat«), sondern *halt* (nach Sanders' Wörterbuch, Leipzig, 1869: »östreich.: halter, und nach diesem Lieblingswort: Die Halters oder Holters = Östreicher« – man beachte nicht nur den sächsischen Plural, sondern auch den Irrtum, bayerisch für österreichisch zu halten); der Bayer zieht auch das Wort *»gelt«* (»Was gilt die Wette?«) dem farbloseren »Nicht wahr?« vor, er leitet von der Rufe (statt »Schorf«) auch den *Rufenschmarrn* (im Gesicht) ab, er baut seine *Hundshütte* nur für einen einzigen Hund und nennt sie folgerichtig nicht »Hundehütte«, er *verkühlt* oder *verkältet* sich und spricht auch nicht von »dem Haar«, wenn er mehrere meint, sondern sagt: *die Haare.* »Das Haar« kann nur ein einzelnes sein, das man unter Umständen in der Suppe findet.

Das Dirndlgewand

Das Dirndl ist kein Gewand, sondern ein Mädchen. Die Kleidung, die ein bayerisches Mädel trägt, heißt nicht »Dirndl« (so heißt ja das Mädel selber: Dirn, Dirnlein, Dirndl), sondern *Dirndlgewand* (das Gewand für ein Dirndl). Wir stoßen hier auf zwei außerhalb Bayerns unbekannte Wörter, die gleichermaßen bayerisch und schriftsprachlich sind: *Dirne, Dirn* für »Magd« und »Maid«, *Dirnlein, Dirndl* für »Mägdlein«, »Mädlein«, »Mädel« oder »Mädchen« und *Gewand* (ein ehrwürdiges Wort, nach dem Handwörterbuch von Daniel Sanders [1869] namentlich im gehobenen Stil) für »Kleidung«, »Kleid«. Und noch etwas: Lieber Bayer, wenn du schon eine so scheußliche Sache beim Namen nennen mußt, sag nicht »Dirne«, denn die Dirn mitsamt ihrem Gewand ist eine gute Dingin! Nenne das »Kind«, wenn es schon sein muß, beim abschreckenden Namen »Hure«.

Die Blattern

Blattern (althochdeutsch plâtera, mittelhochdeutsch blâtere). In der bayerischen Hochsprache heißen die »Windpocken« *Kindsblattern* (an ihnen ist Kurfürst Max III. Joseph gestorben), im Gegensatz zu den *Schwarzen Blattern,* die keine »Pocken« sind. Beethoven hatte ein blatternarbiges Gesicht, behaupten seine Zeitgenossen. Mindestens in dem Land, das als erstes der Welt (1807) die gesetzliche Schutzimpfung dagegen einführte, sind die »Pocken« *Blattern* – in Bayern. Die Krankheit ist nach der Form der (bald mit Wasser, bald mit Eiter gefüllten) Hautaufblähungen, die sie hervorruft, so genannt! Diese Hautaufblähungen ähneln den *Wasserblattern* (Wasserblasen), die sich ein ungeübter Arbeiter beim Holzhacken holt. Wegen der lebenslang sichtbaren Folgeerscheinungen, die denen der Krankheit gleichen, spricht man in Bayern von *Impfblattern* (mundartlich: Blodan). Wenn mehrere Spitäler in Landshut und Augsburg bis vor nicht allzulanger Zeit auch *Blatterhäuser* hießen, so kann dies wohl von ihrer früheren Bestimmung abgeleitet werden. Nach dem Heiligen, der in Piacenza aufopferungsvoll die Pestkranken gepflegt hat, sind die Pestbeulen, wie die Krankheit selbst, auch *Rochusblattern* genannt. Die *Saichblatter (Saublatter)* ergibt einen wohlfeilen Geld- und Tabakbeutel.

Ein Fuß ist ein Bein und ein Bein ist ein Knochen

Ein Beinhaus ist kein Haus für Füße, sondern ein Haus für Knochen, ein Ossarium also. Der Vergleich: »Gefroren wie Stein und Bein« meint nicht: »Gefroren wie Füße« oder »Kalte Füße« oder »Erfrorene Füße«, sondern: Gefroren wie Knochen, knochenhart nämlich! Füße aber sind in weiten Teilen Bayerns das, was der Germane als Beine bezeichnet, sie reichen von der Sohle bis zur Hüfte, gemäß dem zwar rauhen, aber richtigen Schnaderhüpfl:

> D'Zwetschgen hán sauer,
> d'Kerschen hán süaß –
> und mei' Dirndl hat's Nasenblüatn
> zwischen de Füaß.

Nicht alles in einen Topf

Der Bayer sagt und schreibt nicht nur »Topf«, sondern auch – je nachdem: *Tiegel* (mundartlich Tegel), *Hafen* (mdtl. Hafa, Hefa), *Häflein* (mdtl. Haaferl, Heferl), *Schnabelhäflein* (mdtl. Schnabehaaferl, Schnabeheferl), *Reine* (mdtl. Rein), *Zuber, Kübel* (mdtl. Kiewi), *Eimer* (mdtl. Eema), *Pfanne* (mdtl. Pfann, Pfanna), *Schaff, Schäfflein* (mdtl. Schaaffl), *Weidling, Schüssel, Kanne, Kännlein* (mdtl. Kaanndl). Der Töpfer ist ein *Hafner*.

»Raum« ist viel zu allgemein

Welchen Raum stattet der »Raumausstatter« aus? Den Weltraum, den Hofraum, den Innenraum, den Außenraum? Was heißt Raum? Nichts anderes als *Ausdehnung* oder – allgemeiner gesagt – *Platz*. Ein Haus ist wohl umbauter Raum, aber es ist unterteilt in *Gänge, Korridore, Zimmer* (vom »Zimmermann«), *Kammern, Stuben* und eine *Kuchel* (vergleiche die ab 1491 datierten Göttweiger »Kuchelmeister-Rechnungen«, die als älteste Buchhaltung nördlich der Alpen gelten). Der Raum kann nicht ausgestattet und nicht gepflegt werden, sondern bloß die Wände, die ihn begrenzen! Diese gehören aber bereits einer Stube, einer Kammer, einem Zimmer

oder einer Kuchel an. Das kann dabei herauskommen, wenn Innungsangestellte oder Werbechefs sprachschöpferisch werden.
Pflegt die »Raumpflegerin« denselben Raum, den der »Raumordner« ordnet? Forscht der »Raumforscher« nach den Fehlern der Pfleger und Ordner? Fährt der »Raumfahrer« in die Göttweiger Kuchel? Welchen dieser Räume stattet der »Raumausstatter« aus? Arme befleckte Sprache in der verwalteten Welt! Wird es den Dichtern gelingen, sie wieder reinzuwaschen?

Die (Sprach-)Wüste wächst

Der Sutor oder Schuster wird in der Sprachregelung der Bundesrepublik zum »Schuhmachermeister«, der Tapezierer zum »Raumausstattermeister«, der Lehrling zum unsagbaren »Auszubildenden« (Azubi)! Das ist nun freilich nicht mehr viel besser als eine gewisse Amtsstuben-Terminologie östlich des Brandenburger Tores, in der es nicht mehr Bäcker heißt, sondern »Backwarenfacharbeiter«, nicht mehr Sekretärin, sondern »Facharbeiterin für Schreibtechnik« und – ob man's glaubt oder nicht – »Facharbeiter für die Be- und Verarbeitung von Körnerfrüchten« statt Müller.

»Obachtgeben!«

Die Geschichte lehrt uns, was 1871 unter deutscher Vereinheitlichung verstanden wurde. Ist ihr Nutzwert ohnehin fragwürdig, so wird es ihre Durchführung vollends, wenn man bedenkt, daß es keine gemeinverbindliche Regelung war, sondern der Sieg einer regionalen Variante – der preußischen.
Am deutlichsten wird diese Tatsache aus der Vereinheitlichung der militärischen Kommandosprache. An die Stelle der bayerischen trat nämlich beileibe keine deutsche, sondern Wort für Wort – die preußische. Das österreichische »Habt acht!« hieß im alten bayerischen Reglement und wurde auch so geschrieben: *D'Achtung!* Mit jenem unaussprechbaren »Abteilung stillgestannn!« stand die Abteilung bestimmt nicht besser still. Dem bisher in Bayern unbekannten »Geburtstag« wurde durch »Kaisers« militärisch begangenen »Jeburtstag« der Weg geebnet. Das *Zimmer* wurde zur »Stube«,

die *Kanzlei* zur »Schreibstube«, der *Schrank* zum »Spind«. Die Abschaffung der bayerischen Souveränität geschah (wie auch bei den sogenannten Reservatrechten) Zug um Zug; die letzten Eigenheiten verschwanden erst in der Hitlerzeit: 1936 wurden der *Bayerische Präsentiermarsch,* der *Bayerische Zapfenstreich* und das *Bayerische Militärgebet* abgeschafft (nämlich durch die entsprechenden preußischen Fassungen ersetzt), und im letzten Akt des Trauerspiels hieß der meistgesprochene Befehl nicht mehr *Obachtgeben*!, sondern (o unaussprechliche Zackigkeit) »Alle mal herhören!!« – So lautet er heute noch...

Die Stadt hat Gassen

In den Jahren 1871 bis 1879 sind über tausend Münchner *Gassen* – der Magistrat empfand nach Bayerns Anschluß das Vorbild der Reichshauptstadt als Verpflichtung – zu »Straßen« »aufgewertet« worden, ohne daß ein einziger Betroffener gefragt worden wäre. Sollte es jetzt nicht umgekehrt möglich sein, wenigstens einem Dutzend Münchner Gassen ohne großangelegte Volksbefragung ihre angestammte und zudem richtige Bezeichnung zurückzugeben? Der Spielraum zwischen zwei Häuserzeilen, der dazu dient, etwas hin und her zu bewegen, ist *Gasse* genannt, im übertragenen Sinn auch der Raum zwischen zwei Reihen von Menschen (Spießrutenlaufen) und ein tief eingeschnittener Hohlweg, der ja von Wänden begrenzt ist (Wilhelm Tells »Hohle Gasse«). Der »Straße«, dieser allgemeineren Bezeichnung, kommt im eigentlichen Sinn des Wortes die Bedeutung einer überörtlichen Land- oder Wasserverbindung zu. Aus diesem Grund kennt unsere Sprache richtig nur eine *Sackgasse* (nicht eine »Sackstraße«), eine *Gassenschenke* (nicht eine »Straßenschenke«), einen *Gassenbuben* (nicht einen »Straßenbuben«) und einen *Gassenhauer* (nicht einen »Straßenhauer«). Sogar die Hunde gehen immer noch *Gassi* (nicht »Straßi«). Die Gasse ist der Inbegriff alles Städtischen.

Auch das ist Schriftsprache

Andere bayerische schriftsprachliche Wörter sind: *Inbegriffen, ausfolgen* (im Sinne von hergeben), *obliegen, gustieren, Krempel, Gefrett, Geraunz,*

Kleiderrechen, Heuschober, Kriecherlbaum, Mietzins, Fleckerlteppich, Einvernahme (vor Gericht), *erlegen* (einzahlen), *patzen* (Fehler machen), *niedersetzen, mutieren* (Stimmwechsel haben), *Pumperer, Wittib, Watsche, Suppengrün, burren* (der Ofen burrt), *derweil, abstauben, einsieden, klauben, brocken, vertrackt, antauchen* (anschieben), *ausfratscheln, tätscheln, Klupperl* (Wäscheklammer), *Zeitlang* (auch für Sehnsucht), *nackeln, sich protzen* (aufblähen) von *Protz* (Kröte).

Der bayerische *Fasching* geht mit an Sicherheit grenzender Wahrscheinlichkeit (wie die Fastnacht oder Fasenacht – »lustig ist die Fasenacht, bal' mei' Muatter Küachl bacht«) auf das althochdeutsche Wort fasta zurück, das nichts anderes als Fasten oder Fastenzeit bedeutet. *Fasching* heißt eigentlich »Fastschank« und bedeutet: Ausschank zur Fastenzeit. Die damit verbundenen Maskenumzüge zum Zwecke der Vertreibung der bösen Wintergeister kamen so zu ihrem Namen. *Fastnacht* ist der Abend vor dem Fasten (»Abend« heißt in Bayern immer noch »*Nacht*«, und man wünscht sich unwillkürlich nicht einen »Guten Abend!«, sondern eine »*Gute Nacht!*«).

Brocken heißt nichts anderes als brechen, bröckeln: Wer eine Blume brockt, der bricht sie. (Goethe: »Soll ich zum Welken gebrochen sein?«)

Klauben (Aufklauben) heißt Auflesen. Wer Erdäpfel *klaubt,* liest sie auf.

Noch einmal die e-Endungen

Als 1760 der Hofmeister der jungen Erzherzoginnen den berühmten Benediktinerabt Anselm Desing von Ensdorf bat, er möchte seine Lehrbücher doch besser dem »neusächsischen Sprachidiom« angleichen, schlug er es rundweg ab. Er, Desing, wolle reden, wie ihm der Schnabel gewachsen sei und finde keinen Grund, seine bayerische Abkunft zu verleugnen... Vor allem ging es um den Genus-Wechsel vieler Hauptwörter und um das »lutherische E« am Schluß. Wo es doch bei uns »der Fahn« geheißen hatte und »das Seel« und »das Traid«.

BENNO HUBENSTEINER

Und »der Hirt« muß man fortfahren, »der Schneck«, »die Beicht«, »der Schrauben«, »der Wegscheid«, »der Karren«, »der Typ« (nicht *die* Type), »der Schubladen«, »der Bruck«, »der Giraff« (berühmt war die auf der ersten Silbe betonte »Schirafftorte«, ein Münchner Schaumgebäck mit braunen Tupfen), »das Sach« – nicht die Sache –, »das Drucksach« – nicht die Drucksache. Sogar Thomas Mann (der Lübecker) schreibt an seinen Bruder Heinrich am 12. 12. 1936 »der Akt« und nicht »die Akte«. Das e, von Berlin-Brandenburg schon früh in zusammengesetzte Wörter hineingeschmuggelt, gelangte ab 1871 nach Bayern. Seitdem gibt es auch in Bayern keine Badreise mehr (die noch Jean Paul beschrieben hat), keinen Badarzt, keine Badwanne, keine Badhose, keine Mausfalle und kein Tagblatt. Ja nicht einmal »Tagebuch« hieß es in Bayern, sondern – wie hundertfach belegt – »Tagbuch«! Und das Ungenügen ist in Bayern auch heute noch kein »Ungenüge«. Apropos Ungenüge ... Rilke spricht nicht von »Schnelle« und »Helle«, sondern von *Schnelligkeit* und *Helligkeit.*

Abschied von den ung-Endungen?

Die e-Endungen auf dem Sieges-, die keit-Endungen auf dem Rückzug? (Dichte statt Dichtigkeit?) Und ereilt unsere ung-Endungen dasselbe Schicksal? Die Vermutung liegt nahe. In unruhigen, jeder Neuerung vorbehaltlos geöffneten Zonen verdrängte der »Stau« binnen weniger Monate die *Stauung* und drang – als Straßenverkehrsjargon – influenza-artig nach Süden vor. Es nimmt Wunder, daß die altmodische *Zeitung* sich noch immer hält. Vielleicht wird mit der Zeit auch aus ihr eine »Zeite«. Mit Recht erinnert Otto Schmid in seinen »Sprachkritischen Anmerkungen für den Bayerischen Rundfunk« vom Mai 1976 an die »Kinderlähme«, ein Wort, das eine Abteilung des Bayerischen Rundfunks einmal als Ersatz für »Kinderlähmung« durchboxen wollte. »Gewiß«, schreibt er, »die Verbal-Substantive auf -ung sind, besonders in der Häufung – Verzeihung! Häufe – keine Verschönere der Sprache, aber die Ende -e statt -ung ist erst recht keine Löse.«

Der Duden ist nicht bayernfreundlich

Was ich gegen den Duden habe, ist nichts Prinzipielles; es ist gut und richtig, daß ein gewissenhafter Schullehrer seinem Volk bei Rechtschreibung und Interpunktion behilflich sei. Aber der Duden ist längst kein Ratgeber mehr, sondern ein unter einem Gewaltstaat allmächtig gewordener Gesetzgeber, eine Instanz, gegen die es keine Berufung gibt, ein Popanz und Gott der eisernen Regeln, der möglichst vollkommenen Normierung.

HERMANN HESSE

Das hat nun Bayern davon, daß es anfangs des 19. Jahrhunderts mit Rücksicht auf den Deutschen Bund freiwillig davon absah, seine Nationalsprache (wie einst Holland, das die Mundarten ins Schriftbild rettete) schriftlich zu fixieren: den Duden.

Im Jahre 1968 bietet der Rechtschreibduden ein Schmankerl besonderer Art: Da steht hinter dem Substantiv *Hutsche* und dem Verbum *hutschen* der Zusatz »österreichisch«, mit anderen Worten: »in Bayern unstatthaft«. Das bayerische Wort *hutschen,* das älter ist als Österreich selbst, soll nicht mehr bayerisch sein! Warum wohl? Weil bayerisch »deutsch« ist! Gewiß, eine politische Methode, bayerische Eigenständigkeiten »auszubayern« und dadurch Bayern »einzudeutschen«, aber keine wissenschaftliche. Blamabler wäre es auch nicht, wenn sich in einem Lehrbuch der Chirurgie die Anleitung zum Nähen eines gequetschten Hirnes fände...

Ob sich der süddeutsche Duden vermeiden läßt, wenn man den Österreichern ein Trostpflästerlein verabreicht, nämlich alles, was nicht nordische Mundart oder kleindeutscher Sprachgebrauch ist, in das Schublädlein »österreichisch« steckt, als ob es kein Württemberg und kein Baden, keine Schweiz und kein Bayern gäbe?

Weib und Frau

Die *Frau,* als Gegenstück des *Herrn,* wurde zur »Dame« aufgewertet, das *Weib,* dem der *Mann* entspricht, zur Frau »angehoben«, das Weib selbst sank zum Schimpfwort ab, und man muß hinfort schon ein Poet oder ein Bayer sein, um es noch – wie König Ludwig der Erste in den Briefen an sein Eheweib – liebevoll in den Mund zu nehmen. (Schopenhauers Parerga bringen einen ähnlichen Hinweis.) Nicht anders verhält es sich mit der *Dirne* für das Mädchen und dem *Buben* für den Knaben, mit dem *Mensch* (plural: *Menscher*) für eine ledige Weibsperson und dem *Kot* (sächlich) für die Erde. Verächtliche Neben- oder Hauptbedeutungen sind dem eingesessenen Bayern fremd.

Weib und Frau. Daß man nicht eines für das andere sagen kann, wird bei den Adjektiven deutlich: weiblich und fraulich. Das eine ist ein Geschlechtsbegriff, das andere ein gesellschaftlicher Begriff. Wenn der Vergleich erlaubt ist: Ein Hund ist weiblich oder männlich, hat aber kein »Weiberl«, sondern ein *Frauerl* und kein »Männlein«, sondern ein *Herrle.* Er *macht* aber ein Männlein.

Ein Gutteil sprachliche und sonstige Hochstapelei mag im Spiel sein, wenn der Mann nicht mehr beim Essen, sondern »bei Tisch« ist, wenn der Knecht zum landwirtschaftlichen Arbeiter und der Holzknecht zum Waldarbeiter »angehoben« wird. Wo sind die Zeiten geblieben, als ein Weib sich den Wahlspruch erkor: »Ich dien«? Übrigens gibt es keine Kultursprache, die nicht ein Wort für die Gattin (Weib, wife, femme) und ein anderes für die Frau als Herrin kennt (Frau, Miß, Lady, Madame, la dame). Die entlehnte Dame ist jedenfalls kein Gattungsbegriff; sie wird im Adjektiv bezeichnenderweise zu »damisch« oder »dämlich«. Ist die Dame deswegen bloßgestellt, weil es ihre dämliche Vulgarisierung gibt? Mitnichten! Wer das Wort Weib – wie neuerdings die kirchlichen Sprachklitterer – nicht mehr auszusprechen wagt, weil es verkommenen Menschen auch als Schimpfwort dient, sündigt wider den Geist der Sprache und sollte auch gleich das Wort »weiblich« aus seinem Wortschatz streichen. Man muß sich nur zur Quelle der Sprache hinabbeugen, um zu wissen, daß die Dirn, der Bub und das Weib Sprache sind, freilich kein bundesrepublikanischer Umgangston (dem Buben nur Bösewichter oder Päderasten-Pupen, Weiber aber ein Ausbund an Ordinärheit sind). Die Vereinheitlichung im Ave Maria ging wieder auf Kosten des Südens, wo ein »teures Weib«, ein »geliebtes Weib« und ein »gebenedeites Weib« nimmer Anlaß zu Mißverständnissen bieten.

Es bleibt dabei, daß man wohl von einem weiblichen Geschlecht, aber nicht von einem »fraulichen Geschlecht« sprechen kann. Nicht anders als in diesem Sinn ist das Weib gemeint, das »gebenedeit ist unter den Weibern«; dieses Weib unterscheidet sich von den Männern, keineswegs von den Herren. Ebenso ist die Frau keine Geschlechtsbezeichnung, sondern die Kennzeichnung einer Schicht, zu der Maria, die Magd, bestimmt nie gehört hat. Etwas anderes ist die Liebe Frau, Unsere Liebe Frau. Dieser Name deutet an, daß hier eine Herrin gemeint ist, nämlich die Mutter des Herrn der Welt. Jesus Christus ist nicht »Mann der Welt«, sondern »Herr der Welt«! Die Herrin ist eine Frau (eine Fraue), was sie aber nicht hindert, »Weib unter Weibern« zu sein. O Kirche, warum hast du vor den Ohren deiner Gläubigen das herrliche »Weib« in die Gosse gestoßen?

Räuber und Schandi oder Bedeutungsverschiebungen

Der Backen, das Bäcklein (rotbackig, pausbäckig) rutschte zur Bedeutung des »Postlitz« vulgo Hintern ab. *Der Schädel* – wieder ein Wort, das in eine niedere Bedeutung abgesackt ist, nicht in Bayern, wo das *Schädelweh* immer noch häufiger ist als das Kopfweh. Sonst hält sich nur in der Medizin die neutrale Bedeutung des Schädels, im *Schädelbruch* und im *Totenschädel.*

Und an eine weitere Wertminderung gilt es zu erinnern: Der »Bulle« für *Schutzmann* ist in Apo-Zeiten aus Berlin nach München verschleppt worden. In Bayern heißt der Schutzmann *Gendarm* oder *Schandi.* Aus ähnlicher Himmelsrichtung kam auch das blasse Wort »Justizvollzugsanstalt« oder bloß »Vollzugsanstalt«, weil man dortzulande offensichtlich die Wörter *Gefängnis* oder *Zuchthaus,* ohne für »autoritär« zu gelten, nicht mehr in den Mund nehmen kann.

Der Bayer hatte nie ein gebrochenes Verhältnis zum Ordnungshüter! Der *Schandi* klingt in seinen Ohren geradezu liebenswürdig, schützt er ihn doch vor dem *Räuber,* dem Gesetzesbrecher eben, auf dessen Seite er höchstens in einigen romantischen Volksliedern steht, falls es sich um einen Wilderer handelt. Paula Grogger läßt in ihrer Räuberlegende Spitzbube Spitzbube sein, denkt nicht daran, die Werte umzuwerten. Kurz: Bayerische Kinder spielen heute nicht mehr »Räuber und Schandi«, sondern, ob man's glaubt oder nicht, aber vom Verfasser selbst gehört: »Räuber und Bulle«! Dabei könnte es doch in Bayern, wenn schon, dann allenfalls nur *Stier* heißen. Es ist zum Heulen.

»Irre komisch«

Ein Bub deutet auf sein weißgewaschenes Handtuch und schreit von allen Plakatsäulen: »Doll weiß, was?« In Österreich lautet der auch für Bayern annehmbare Text unter dem gleichen Bild: »Lupenrein sauber, perfekt gepflegt«. Das ist deutsch, alles andere aber »lupenreiner« Slang.
Im übrigen kennt der Bayer kein Bestätigung heischendes »was?«, sondern nur ein *gelt* oder *gell* (von »gelte es« und »gilt die Wette?«).
Da heißt es »einen tanken« (»Auch einen getankt?«), statt *einen Schnaps trinken,* da wird *»sehr«* zu »irr« und »irre« (»irre lustig«). Es ist schon so: Bismarcks Proselytenmacher sind nicht nur am Rhein geschäftig. Mit der Waffe wirksamer Werbung gehen sie auf Eroberung aus und verbreiten – expressis verbis gesagt – ihren Slang bis ins letzte bayerische Dorf, in den hintersten Rupertiwinkel, altes salzburgisches Land.
Für *»komm doch«* oder *»komm halt«* vermeidet der Bayer zu sagen: »Komm schon«, denn das hieße soviel wie »komm bereits«.
Der Ausruf: »Das schmeckt...« ist dem Bayern unverständlich, weil er dieser Kürzelform nicht entnehmen kann, ob gut oder schlecht gemeint ist.
Die bayerische Schriftsprache kennt auch kein für sich allein stehendes »mal« (»öfter mal was Neues«). Immer muß der Bayer sich entscheiden: dreimal, zweimal oder wenigstens einmal. »Komm doch endlich einmal!« ruft ein Bub dem andern zu. »Auf einmal schreibt man auf zweimal«, sagt auf einmal der Schullehrer, obwohl feststeht, daß er es nicht auf zweimal sagen kann, genausowenig wie der Schüler auf zweimal erschrecken kann. Der Schüler erschrickt *auf einmal;* trotzdem ist es ihm schlechterdings unmöglich zu sagen »auf'mal« (was manchem Nichtbayern möglich wäre, wenn er es hier nicht mit einem festen Begriff zu tun hätte).
Bei der (nord)deutschen Bundespost, wo man Bayerns 1919 (entschädigungslos) enteignete Posthoheit verwaltet, scheint die Meinung zu herrschen, der deutsche Sprachraum bestehe nur aus Norden. Auf Postplakaten kann man lesen: »Kleb mich mal!«, und in Fernsprechzellen gibt es die

gedruckte Aufforderung: »Ruf doch mal an!« Wohlan, Bonner, in Bayern wartet man auf einen »bundes«-postalischen Malwettbewerb nach dem Motto: »Mal mal!«

Muß ein Bayer Rune heißen?

Warum wohl müssen sich Flensburger (wie es geschehen ist) gegen bayerische Standesbeamte Knabenvornamen wie Rune und Ake erprozessieren? Sie hätten es nicht tun sollen. Aber das ist ja die Wurzel des Übels, daß etwa Kieler, Flensburger und Schleswiger, wenn sie umziehen, keineswegs in das wenige Kilometer nahe Dänemark übersiedeln, wo sie von der Geschichte und vom Religionsbekenntnis bis zum Küchenzettel und bis zu den Rufnamen lauter Gemeinsamkeiten anträfen, wo niemand ihre gewiß schätzenswerte Eigenart als fremdartig empfände, sondern in das tausend Kilometer entfernte Bayern. Warum wohl? Weil die Dänen ihre Grenzen geschlossen und die Bayern die ihren aufgemacht haben. Nun ist es soweit, daß ein Schreiber der Hamburger Illustrierten »Stern« gleichsam schulterklopfend behaupten darf: »Der Standesbeamte legte diesen beiden Deutschen die bayerischen Vornamen Sepp oder Bepperl ans Herz.« Man könnte von Volksverdummung oder Volksvergiftung reden: Der bewußte Standesbeamte hatte nämlich den Eltern aus dem Norden beileibe nicht nur zwei bestimmte Namen vorgeschlagen, sondern ihnen freigestellt, einen aus mehreren tausend Kalendernamen, die der ganzen christlichen Welt bekannt sind, zu wählen. In Hamburg verstieg man sich aber zu dem Satz: »Bei dem bevorstehenden Gerichtsstreit kann er (der Vater) sich auf Zustimmung *aus allen Teilen des deutschen Landes* berufen (es mußte das einige Deutschland sogar als Rechtfertigung für skandinavische Vornamen herhalten). Durchhalteparolen bringt ihm der Postbote nahezu an jedem Tag...«

Namen wie Karin und Ingrid, die nördlich von Bayern schon um die Jahrhundertwende, als Folge eines vom Turnvater Jahn, von den »Achtundvierzigern« und von den Paulskirchlern geprägten antirömischen und neuheidnischen Deutschnationalismus, auftauchten, fanden in Bayern erst um die Hitlerzeit Eingang. Namen, deren Geschlecht meistens im dunklen bleibt, wie Inken, Silke, Ortrun, Tedje, Uwe, Owe, Karsten, Frauke, Sigurd, Elke, Mieken, Kirstin, Eike, Heike, Momme, Broder, Dierk, Dietke, Eitel,

Edda, Fokko, Folkert, Gesche, Friso, Gesine, Frowin, Mamke, Harms, Swantje, Harro, Tjadke, Henning, Trine, Hilger, Menno, Uffo, Ullu, Butcher, Brett und Wibke (Weiberl?), die es nördlich von Bayern schon zur Hitlerzeit gab, begannen sich in Bayern erst langsam in den späten sechziger Jahren durchzusetzen (im gleichen Maß wie der Zuzug aus dem Norden). Ein eingesessener Bayer sagt heute zur Frau Kerst immer noch »die Kerstin«, sonst zu niemandem.

Um eine Sprachverstümmelung besonderer Art handelt es sich bei der neuerdings in Schwang gekommenen »Andrea«. In Ländern, denen der heilige Andreas ein Begriff ist, gibt solcher Name, schon bloß phonetisch, zu dauernden Verwechslungen Anlaß, so daß eine zugereiste Mutter der ratlosen einheimischen erst klarmachen muß: »Andreas Name ist nicht Andreas, nein, Andreas Name ist Andrea.« Der Vorname Andrea kann übrigens schon deswegen nicht weiblich sein, weil er dem italienischen Andreas vorbehalten ist: Andrea Chénier, Andrea Doria.

Auch das muß den Neubayern gesagt werden: Kein Einheimischer macht euere Eigenart schlecht, keiner will sie euch nehmen. Aber alles an seinem Ort! In Bayern ist man bayerisch und woanders ist man anders. Wenn es bei euch keinen heiligen Christtag gibt, sondern einen Julklapp, keinen heiligen Bischof Nikolaus und kein Christuskind, sondern den Kaufhaus-Weihnachtsmann, keine Krippe und keinen Christbaum, sondern den (elektrischen) Weihnachtsbaum, der drei Wochen vor der Geburt Christi (statt am Heiligen Abend) aufgestellt und unmittelbar nach dem Stephanitag (der als Tag des Erzmärtyrers und ältesten Kirchenpatrons Stephanus gefeiert wird, bei euch allerdings »2. Weihnachtsfeiertag« heißt) auf den Abfall geworfen wird, während er bei den Bayern über Johannes Evangelista, Unschuldige Kindlein, Silvester, Titus, Severin und Heiligdreikönig bis Mariä Lichtmeß stehen bleibt, so ist das beileibe nicht schlecht – nur nicht bayerisch.

Vom hohen Kirchenlatein kommt es, daß die Genitivformen »Florians, Michaels, Georgs, Sebastians und Martins« nicht bayerischer Sprachgebrauch sind, sondern *Floriani, Micheli, Georgi, Sebastiani, Martini, Jakobi, Laurenzi:* Florianimühle (-gasse in Wien), Michelikapelle, Michelitag, Georgiritter, Georgiumzug, Sebastianikirche, Jakobi-Äpfel (die um Jakobi zeitig werden), Laurenzitränen (Sternschnuppen, die um Laurenzi am häufigsten fallen), Martinitag, Martinigans. Wo anders als im Kirchenlatein wurzeln die antikisch-baierischen Heiligen? Und doch macht sie sich der Bayer heimisch: Der Christof wird zum Stoffl, der Rupert zum Rüepl. Wer sich über die bayerischen Bauern erhaben dünkt, macht solche Namen zu Schimpfwörtern. Wie weit sind aber die bayerischen Hirtenlieder, in denen diese Namen vorkommen, von Beschimpfungen entfernt!

Der Stephanitag

Der Tag des heiligen Stephan steht gut und gern dreihundert Jahre länger an seinem Platz im Kalender (26. Dezember) als das Weihnachtsfest. Zuerst war der Stephanitag. Weihnachten wurde (durch Westrom) erst im vierten Jahrhundert vom 6. Jänner auf den 25. Dezember vorverlegt. Es geschah aus Rücksicht auf die Germanen und ihr Julfest. Solche Rücksichten mußte Byzanz nicht nehmen. An Weihnachten ist die liturgische Farbe weiß; es ist die Farbe der Freude. Der Stephanitag hat die Farbe rot – es ist die Farbe der Liebe und des Blutopfers. Der Stephanitag hat mit Weihnachten wenig zu tun. Erst 1919, als die »Nationalversammlung« Bayerns »Reservatrechte« mit einem Federstrich tilgte, wurde er zugunsten des gegen die Heiligenverehrung gerichteten hohenzollerischen »2. Weihnachtsfeiertages« aus dem bayerischen Kalender gestrichen. Warum sollte Bayern also nicht wieder den Christtag und den Stephanstag als zwei voneinander unabhängige Feiertage in seinen Kalender schreiben? Zumal Stephanus nicht nur Patron der ältesten bayerischen Kirchen, sondern auch ein bayerischer Lieblingsheiliger ist und in seiner patronatischen Wirkung von Passau auf der Donau bis Wien (von Steffel zu Steffel), ja bis Ungarn reicht. Bischof Pilgrim von Passau setzte dem ersten ungarischen König, der eine Bayerin zur Gemahlin hatte, die Stephanskrone auf.

Der Gruß

In säkularisierten Gegenden grüßt man »Guten Tag« (»Tachch«, »Tschüss«, »Bis dann«). Im Umgangston sagt der Bayer *Habe die Ehre* und *Servus;* das ist lateinisch und heißt »Diener, Untergebener«. Bescheidenheit ist seine Sache. Er sagt *Grüße dich Gott (Grüaß di God)* und bittet, nach der altehrwürdigen Bedeutung dieses Wortes, Gottes Schutz auf seinen Nachbarn herab. Wenn er dagegen Abschied nimmt, spricht er den Segen *Behüte dich Gott (Pfüat di God)*.

»Gott beschütze dich!« und »Gott behüte dich!« Kann es bessere Wünsche und bessere Grüße geben? Es sind Wendungen, die auf die Zeit der Glaubensverbreitung zurückgehen. Als Dank sagt der Bayer das schöne Wort: *Vergelte es Gott,* und als Antwort bekommt er vom Geber als Dreingabe den Wunsch: *Gesegne es Gott!*

Zur Sprachlehre

Der sächsische Genitiv ist dem Bayern zuwider

Einem Bayern geht der sogenannte sächsische Genitiv gegen den Strich. Warum soll er sich mit »Schreiners Hobel« abquälen, kennt man doch in fast allen Sprachen der Welt »den Hobel des Schreiners« oder den weicheren, durch die Präposition umschriebenen, auch in Bayern heimischen Genitiv, der eigentlich ein Dativ ist: »der Hobel von dem Schreiner« oder »der Hobel *vom* Schreiner«. (Le rabot »de le« menuisier; le rabot *du* menuisier.) Dieser auch Besitzgenitiv genannte Wessenfall »Hubers Grab«, »Müllers Kind« wird mit dem Dativ und dem besitzanzeigenden Fürwort umschrieben: »dem Huber sein Grab«, »dem Müller sein Kind«, wenn man ihn nicht lieber gleich ganz zerlegt: »der Müller und sein Kind« oder gleichfalls auf die romanische Art behandelt: »das Grab von – Huber«, »das Kind von – Müller« oder vielmehr, weil dem Bayern wie dem Romanen (wenn er nicht ein zusammengesetztes Hauptwort bildet: »das Hubergrab«, »das Müllerkind«) das vom Artikel (Frage: von wem, also nicht »des Artikels«) entblößte Hauptwort unerträglich ist, so sagt: »das Grab vom Huber«, »das Kind vom Müller«. (L. Westenrieder, der Meister beachtlicher Romane, die es wieder zu entdecken gilt, schreibt im Historischen Kalender für 1802 über Martin »Balticus«, den man »in seiner Vaterstadt München zum Poetenmeister, vermutlich nach *dem* Ziegler anstellte...« Auch heute noch hat in München, wenn der elektrische Strom ausfällt, »kein Mensch ein Licht«.) »Babys Ernährung« oder »Kleinkinds Ernährung«, auch das klingt bayerischen Ohren exotisch, um nicht zu sagen gebrochen. In Bayern sagt man »die Ernährung des Kleinkinds« (wenn schon nicht »die Ernährung vom Kleinkind« oder »dem Kleinkind seine Ernährung«). Der Bayer sagt nicht: »Meine Gattin ist mit Baby beschäftigt«, sondern: »Meine Gattin ist mit dem Baby – oder mit dem Säugling – beschäftigt«. Die Unterschlagung des bestimmten Artikels, nicht allein bei Verwandtschaftsbezeichnungen, Eigen- und Rufnamen, sondern bei Hauptwörtern allgemein, ist vorwiegend im angelsächsischen oder niedersächsischen Sprachbereich üblich und von dorther nach Süden gedrungen. Der Einbruch des Englischen ins Bayerische paßt gut zum Einbruch des Nordländischen überhaupt und zum Einbruch technisch-naturwissenschaftlicher Überheblichkeit in die abwartende Stellung bayerischen Mißtrauens gegen alles eindringlich und aufdringlich Neue. Die bayerische Selbständigkeit ist Selbstgenügen.

Nicht anders verhält sich der Bayer bei der Casusbildung innerhalb zusammengesetzter Hauptwörter und sagt nicht Friedhofsmauer, Zwirnsrolle, Wintersanfang, Sommersanfang, Waldesrand, Toresschluß, sondern *Friedhofmauer, Zwirnrolle, Winteranfang, Sommeranfang, Waldrand, Torschluß*. Eine wichtige Ausnahme ist der Gottesacker und die Muttergottes, die allerdings weit häufiger *Himmelmutter* genannt wird.

Wegen wem?

Auch das ist bayerisch, aber noch lange nicht Mundart oder – wie man verächtlich sagt, als spräche man von einer ekelerregenden Krankheit – Dialekt, sondern von schriftsprachlichen Dichtern, bis hinauf zu Goethe, verwendet (nicht verwandt) worden: *zuweg der Liebschaft, trotz dem Halsband, wegen dem Hund.* Die Haare sträuben sich einem Bayern kaum weniger als einem Österreicher bei der Vorstellung, Hermann Leopoldi hätte in seinem bekannten Salzburg-Lied anstatt »wegen dem schönen Schnürlregen« gesungen »wegen des... Schnürlregens«. Wenn ein bayerischer Geschäftsmann an seiner hochsommerlich zugesperrten Tür ein selbstgefertigtes Schild anbringt: *»Wegen Urlaub geschlossen«,* dann ist das keine bayerische Sprachschluderei, sondern richtig. Und das gespreizte, fremdartige, den Genitiv regierende »Wegen Urlaub**es**«, das manche Sprachpolizisten erzwingen wollen, ist ebenso wie die »wegen Kohlenmangels« geschlossene Schule im Lande des »Ruodlieb«, des Wessobrunner Gebets, der Muspillidichtung und des Nibelungenliedes – falsch. Richtig, so kanzeln besagte Sprachpolizisten einen Bayern ab, der seine Sprache spricht, wird »wegen« nur in Verbindung mit dem zweiten Fall verwendet: wegen Urlaubes, wegen des Schnürlregens, wegen des Kindes...

Nun finden wir in dem monumentalen Wörterbuch der Brüder Grimm unter dem Stichwort »wegen« einige Beispiele aus dem Schrifttum. Wir entdecken auch drei Stellen aus dem Werk von Adalbert Stifter, wo der Dichter »wegen« mit dem dritten Fall verbindet und unter anderem schreibt:

Wegen dem Kind. Für Grimm stellt sich heraus – mit Vergnügen wird es uns gewiß –, daß in Österreich und Bayern die Präposition »wegen« allgemein mit dem dritten Fall verwendet wird (nicht anders als die Präpositionen während und statt), und zwar durchaus in der Hoch- und Schriftsprache, ja in der gewählten Sprache des Dichters, oder wie es in dem Handwörterbuch der deutschen Sprache von Daniel Sanders, Leipzig, 1869, heißt: »...mit nachfolgendem Genitiv oder (auch bei mustergültigen Schriftstellern) Dativ...« Mit gutem Recht fragt also der Bayer nicht »wegen wessen?« (warum soll das richtiger sein), sondern *wegen wem?*

Besuch beim Prälaten oder Der unterschlagene Dativ

Wahre Verstümmelungen werden der Sprache beim Dativ zugemutet. Es heißt nämlich nicht: »Er bringt die Noten zum Solist«, sondern: »Er bringt die Noten zum Solisten«; er macht keinen Besuch »beim Prälat«, sondern »beim Prälaten«; er studiert auch nicht mit »einem Kommilitone«, sondern mit »einem Kommilitonen«! Er geht nicht »zum Bauer«, sondern »zum Bauern«, und er gibt nicht »dem Bub« eine Ohrfeige, sondern »dem Buben«. Er macht auch nicht »vor dem Prinz« eine Verbeugung, sondern »vor dem Prinzen«. Deshalb schreibt er keinen Brief »an den Intendant«, sondern »an den Intendanten«. Und darum heißen die guten alten bayerischen Wirtshausnamen:
»Zum Bären« und nicht »Zum Bär«,
»Zum Hirschen« und nicht »Zum Hirsch«,
»Zum Schwanen« und nicht »Zum Schwan«,
»Zum goldenen Raben« und nicht »Zum goldenen Rabe«,
»Zum roten Ochsen« und nicht »Zum roten Ochse«,
»Zum Elefanten« und nicht »Zum Elefant«,
»Zum Löwen« und nicht »Zum Löwe«,
»Zum Kronprinzen« und nicht »Zum Kronprinz«,
»Zum Prinzregenten« und nicht »Zum Prinzregent«,
»Zum Prälaten« und nicht »Zum Prälat«.

Auch in zusammengesetzten Wörtern bleibt der Dativ, der hier der Genitiv-Endung gleicht, ungeschmälert erhalten, so zum Beispiel im *Märzenbecher,* der nicht »Märzbecher« heißt, im *Prälatenstock* (nicht »Prälatstock«), im *Prinzenbock,* (nicht »Prinzbock«), in der *Prinzregentenstraße* (nicht »Prinzregentstraße«) und in der *Prinzregententorte,* die keine »Prinzregenttorte« ist.

Sprachunsitten

Wie schnell sich Sprachunsitten ausbreiten können, beweist die im (nord-) deutschen Duden bereits anerkannte sprachliche Konstruktion »hat gesessen oder hat gestanden« anstatt *ist gesessen* oder *ist gestanden,* wie es von einem bayerischen Wörterbuch vorgeschrieben werden müßte, könnte es doch sonst wirklich soweit kommen, daß einem Bayern die Haare nicht zu Berg gestanden sind, sondern zu Berg gestanden »haben«. Es heißt auch immer noch: *Ich bin erschrocken* und nicht »Ich habe mich erschrocken«!
Der sächsische Plural Meier – die Meiers, Huber – die Hubers (oder nur Meiers und Hubers) ist in der bayerischen Hochsprache unbekannt. Stattdem sagt man in Bayern: Der Meier – *die Meier,* der Huber – *die Huber,* und wenn es die Gattin angeht, *die Meierin, die Huberin* (vergleiche »Kerstin«). Auch Hermann Hesse bildet den Plural von Camencind nicht »die Camencinds«, sondern »die Camencinde«! Die oft gehörten Formen »bei Schulzens, bei Meiers« rechnen zum niederdeutschen Slang. Dem sächsischen Plural-s (Kumpels – für Bergkappen; Mädels, Jungs) steht das ober(hoch)deutsche Plural-n gegenüber, gipfelnd in den *Semmeln-Knödeln* von Karl Valentin. Um die ganze Kluft zu ermessen, kopple man beide Formen und sage: »Semmels-Knödels«. (Wie »Seppls«.)
Wenn von Felsbrocken, Häusern und gebündelten Zeichenblättern die Rede ist, so heißt die Mehrzahl nicht »Blocks«, sondern *Blöcke.* (Vergleiche das Kapitel: Umlaut und Doppellaut.)
Der Hut kann übrigens nicht »hoch«-gehen, sondern nur *hinauf,* weil mit dem Adjektiv »hoch« etwas Feststehendes, keine Bewegung umrissen ist. Wir können auch nicht »hochkommen«, sondern nur heraufkommen oder hinaufkommen. Wenn jemand anstatt »er geht hinauf« sagt, »er geht hoch«, dann bedient er sich keiner Mundart oder Mundsprache, sondern

spricht gebrochenes Deutsch, das vermutlich bereits um 1800 (bis 1806) aus den damaligen preußischen Ostgebieten um Posen, Plock und Warschau bezogen wurde und sich nun gleichmäßig über Restdeutschland verteilt. (Eine ins Detail gehende Untersuchung dieser Erscheinung steht noch aus.)
Eine Bombe kann nicht »hochgehen«, höchstens *in die Luft gehen* oder *explodieren.* Wenn sie »hochginge«, wäre sie ja schon oben und ginge dort oben – vielleicht auf und ab. Man kann auch kein Packerl »hochheben«, höchstens *aufheben.* Und man kann ein Kind keineswegs »hochpäppeln«, höchstens *aufpäppeln.* Ein fleißiger Mensch hat sich nicht »hochgearbeitet«, sondern *emporgearbeitet.*
Eine Zimmerdecke ist mitunter hoch, aber niemand kann zu dieser Zimmerdecke »hoch«schauen, wie es der Zuwanderer glauben machen will, sondern nur *hinaufschauen.* Kein Mensch kann seinen Ärmel hochkrempeln, höchstens *aufkrempeln,* kein Gebückter kann sich hochrichten, er kann sich nur *aufrichten,* und niemand kann hochschrecken (wie hoch eigentlich?), sondern nur *aufschrecken.* Auch der Engländer blendet Musik und Licht nicht high (hoch), sondern up (auf). Analog zu »hier hoch« (anstelle von *dort hinauf*) sagt der Norddeutsche als Wahlspektator »hochrechnen« statt *hinaufrechnen.* Wenn Österreicher klagen, die »Piefkes« wollten ihnen bewußt und kaltschnäuzig ihre Eigenart nehmen, was sollen dann die Bayern sagen?
Apropos »hinauf«: Man muß lächerlicherweise anmahnen, wirklich »hinauf« zu sagen, wenn »hinauf« gemeint ist, denn wenn schon nicht »hoch«,so schreibt eine neue, von auswärts übernommene Sprachunsitte vor, wenigstens »rauf« zu sagen. Jawohl, man sagt »herauf«, wenn man hinauf meint (den Preis der Aktie »heraufsetzen«, als ob der Börsenbeobachter schon oben säße), sagt »herein« für hinein, »heraus« für hinaus, »ich geh raus« für ich geh hinaus, auf jeden Fall »her« statt hin! Einzig für *heraußen* sagt man »draußen« – »hier draußen« (»hier drinnen« oder manchmal sogar »hier drin«). Falls Fremdlinge die Einheimischen aus ihrem Land oder bloß aus einem Saal hinausweisen wollten (was sie freilich nicht tun), würden sie rufen:»Bayern raus!«
Da sagt man »von« statt *davon* und »lang«, wenn etwas ganz anderes gemeint ist, nämlich *entlang,* da schmeckt eine Speise nicht *gut,* sondern »schön«. Da wird die Behauptung gewagt, »mein Lütten geht zur Schule«, wenn gemeint ist, »er geht in die Schule« (tatsächlich geht er hinein und

bleibt nicht davor stehen). Dem »zu« entspricht das »nach«, wenn einer ankündigt: »Morgen fahre ich nach der Schweiz«, statt »morgen fahre ich in die Schweiz«.

Der Bayer meidet die Vorsilbe »zu«

Er sagt nicht:	sondern:
zu Bett gehen	*ins Bett gehen,*
zur Welt kommen	*auf die Welt kommen,*
zur Kirche gehen	*in die Kirche gehen,*
zur Post gehen	*auf die Post gehen,*
zur Bahn gehen	*auf die Bahn gehen,*
zu Boden werfen	*auf den Boden werfen,*
zur Hölle wünschen	*in die Hölle wünschen,*
zur Tür hereinkommen	*bei der Tür hereinkommen,*
zum Fenster hinaussehen	*beim Fenster hinausschauen,*
zur Seite gehen	*auf die Seite gehen,*
etwas zur Hand haben	*etwas bei der Hand haben,*
etwas zur Hand nehmen	*etwas in die Hand nehmen,*
zu Schiff fahren	*mit dem Schiff fahren,*
zu Ostern nach Hause kommen	*an Ostern heimkommen.*

Endlich meidet der Bayer die eingeschobene Präposition in Verbindung mit dem Zeitwort »brauchen«. Anstatt: »Du brauchst das nicht abzuschreiben«, sagt er lieber: *Du brauchst das nicht abschreiben.* Er stellt Verben wie »sollen«, »müssen« und »brauchen« auf eine Stufe. Warum nicht? Er soll und muß und braucht sie nicht unterscheiden.
Niemals aber könnte der Bayer eine Präposition ausfallen lassen, wo sie hingehört, und sei es ein »zu«. Darum sagt er nicht: »Ich gehe fischen«, sondern: *Ich gehe zum Fischen* und nicht: »Ich gehe baden«, sondern: *Ich gehe zum Baden* (falls er es nicht in der Wanne tut und *sich badet*). (Und wenn er sich gebadet hat, geht er nicht schlafen, sondern *ins Bett.*)

Der Bayer beugt anders

Er sagt lieber
senden, *sendete, gesendet* (statt sandte, gesandt),
einsenden, *sendete ein, eingesendet* (statt sandte ein, eingesandt),
wenden, *wendete, gewendet* (statt wandte, gewandt),
verwenden, *verwendete, verwendet* (statt verwandte, verwandt – nur die Base ist verwandt),
anwenden, *wendete an, angewendet* (statt wandte an, angewandt),
zuwenden, *wendete zu, zugewendet* (statt wandte zu, zugewandt).
Er lädt auch nicht ein, sondern *ladet ein,* wie man auf allen Ladungen zum »Alten Bier«, zur Hochzeit, zur Fahnenweihe und zur Primiz lesen kann.
Er zieht gegenüber der Wendung »hin und wieder« die Fassungen *ab und zu* oder *hie und da* vor, fragt lieber *warum* als »weshalb«, *von was* als »wovon« und *was für einer* als »welcher«, bildet die Mehrzahl von »Steinmetz« nicht mit »Steinmetzen«, sondern mit *Steinmetze,* sagt nicht »um welche Zeit«, sondern *um wieviel Uhr,* sagt nicht »meine Uhr geht zu früh«, sondern *meine Uhr geht vor* und sagt unter keinen Umständen »zu dreien, zu vieren, zu zehnen, zu zwölfen«, sondern *zu zweit, zu dritt, zu viert, zu zehnt, zu zwölft.*

Wie und als und als wie

»Wenn das Wörtlein ›wenn‹ nicht wär, wär mein Vater Millionär«, heißt ein bayerischer Schulbubenreim. Wenn man das Verhältnis des Bayern zu dem kleinen Wort »wie« beschreiben wollte, käme man vielleicht zu einer Abwandlung dieses Verses: »Wenn das Wörtlein ›wenn‹ nicht wär, käm nie das Wörtlein ›wie‹ vorher.«
Tatsächlich ist es dem Bayern schwer möglich, das Wort »wenn« auf Gedeih und Verderb einer Verbindung mit dem Wort »als« auszusetzen. Für »als wenn« (und »als ob«) wird er daher immer sagen *wie wenn,* nicht »ich bin so reich, als wenn ich ein König wär«, sondern *ich bin so reich, wie wenn ich ein König wär.* Selbst für den Fall, daß man ihn zur Verwendung sowohl des Wörtleins »als« als auch des Wörtleins »wenn«, also zur Vereinigung des Unvereinbaren zwänge, würde er die Todfeinde nicht zu koppeln vermö-

gen, sondern durch ein dazwischengeschobenes »wie« auseinanderhalten und zuviel des Guten tun: *als wie wenn.* Das Wörtlein »wie« zieht der Bayer im allgemeinen dem Wörtlein »als« vor. Die strikte Aufgabenteilung zwischen beiden Wörtern ist jüngeren Datums. Ursprünglich war dem Wort »wie« nicht nur der Positiv allein vorbehalten, es dehnte seine Zuständigkeit auch auf den Komparativ aus. Für »so schnell als möglich« sagt er *so schnell wie möglich.* Den Satz »Als ich in Landshut war« würde er, da er einen Hang zum (durchaus schriftsprachlichen) Perfekt hat, so bilden: *Wie ich in Landshut gewesen bin.* (Peter Rosegger: *Wie der Meisensepp gestorben ist.*) Der Satz: »Als ich zur Schule ging« würde bei ihm lauten: *Wie ich in die Schule gegangen bin.* Der Waldprophet aber sagt über die Endzeit: »Und dann werden Häuser gebaut, nichts *wie* Häuser.«

Über, oberhalb, ober

Drei verwandte Begriffe. Man schmähe das bayerische Wort *ober* nicht! Adalbert Stifter, nahe dem Dreiländereck Bayern, Böhmen, Österreich geboren und aufgewachsen, einer der größten baiwarischen Dichter, sagt: »*ober* mir das leichte Trippeln des Regens«. Am 10. Juni 1864 schreibt er an Franz Xaver Rosenberger in den Lackenhäusern am Fuße des Dreisessels: »Am liebsten wäre mir die Wohnung ober dem Verkaufsgewölbe.«
»Obernberg«, dieser Ortsname bedeutet nicht »oberhalb des Berges«, sondern: »Ober (über) den (dem) Berg«.

Eine Nahtstelle zwischen Hochsprache und Mundart

Am Schluß dieses Kapitels wollen wir unser Augenmerk auf eine bisher wenig beachtete Nahtstelle zwischen Mundart und bayerischer Hochsprache lenken: Wie bei den richtungsanzeigenden Wörtern »dahin und daher« sagt der Bayer *vorhin und vorher (vornhin und vornher),* je nachdem, ob das Ziel (»vorn«) fern vom Rufer ist oder sich mit seinem Standpunkt deckt. Einmal läuft der Angerufene weg, nämlich vorn*hin,* einmal kommt er hergelaufen, nämlich vorn*her.* Und so ist es bei allen vergleichbaren

Wörtern: Die Bezeichnung für die Richtung (hin oder her) wird immer hinter die Bezeichnung für das Ziel (vor, um, ab, auf, ein, aus) gesetzt. Der Weg zurück in die Mundart stellt sich so dar:

(hinvor)	vorhin (fürhin)	= für(h)i
(hervor)	vorher (fürher)	= für(h)a
(hinum)	umhin	= um(h)i
(herum)	umher	= um(h)a
(hinab)	abhin	= ab(h)i
(herab)	abher	= ab(h)er
(hinauf)	aufhin	= aufi
(herauf)	aufher	= aufer
(hinein)	einhin	= eini
(herein)	einher	= einer
(hinaus)	aushin	= aussi
(heraus)	ausher	= ausser

Die Bildung des Geschlechts

»Für uns Süddeutsche ist's ein wahres Unglück, daß Butter, welches früher männlich war und in Schwaben, Bayern, Österreich annoch ist, hinter unserem Rücken weiblich wurde«, hat Ludwig Steub in seinen »Wanderungen im bayerischen Gebirge« schon 1862 geklagt. »Die Sennerin lacht sich zwar schief, wenn ein Norddeutscher ›die‹ gute Butter lobt, aber was hilft uns das?«

Wer sagt, was daran falsch ist: *Der Schokolad* (le chocolat), *der Butter* (le beurre, il burro), wer sagt es? *Der Schokolad* ist auch in der spanisch-mexikanischen Herkunftssprache männlich. Noch Hans Carossa gibt ein Beispiel, daß *der* bayerische *Schokolad* sogar im flüssigen Zustand männlich ist: »Ein Schokolad mit Schlagrahm« läßt er eine Kellnerin im Café Luitpold sagen. *Der Butter* ist maskulin in den meisten Kultursprachen Europas.

Es heißt nicht: die Eins, die Zwei, die Drei (zwei Einsen, zwei Dreien), sondern *der Einser* (man denke an die Briefmarke, den bayerischen »Schwarzen Einser«), *der Zweier, der Dreier.* So spricht man etwa auch nicht von einer »Achtbahn«, sondern von einer *Achterbahn,* weil sie gewunden wie ein Achter läuft. Die Münchner Trambahnlinien sind *der Dreier* und *der Vierer.* Ein guter Schüler hat nicht bloß *einen* einzigen *Einser* im Zeugnis, sondern *lauter Einser,* höchstens *einen Zweier,* ganz selten *einen Dreier* und niemals *einen Vierer* oder gar *einen Fünfer.* Alois Irlmeier, der Brunnenmacher von Freilassing, sagt: »Ich sehe ganz deutlich 3 Zahlen, *zwei Achter* und *einen Neuner.*«

Die Schneid, übertragen von der Messerschneid als figürlicher Ausdruck für Vermögen, Kraftgefühl und Mut (»Habt's a Schneid?« fragt Karl Stieler) ist nie und nimmer maskulin.

Man sagt in Bayern nicht »die Spitze«, sondern *der Spitz* (zum Beispiel *der Kirchturmspitz* oder *der Christbaumspitz*). Ebenso sei an die bayerische Fleischbezeichnung *Spitz (Tafelspitz)* erinnert. Auch der höchste bayerische Berg hat so lange (das war sehr lange), bis er durch die Ausgliederung Österreichs zum höchsten »deutschen« (sprich klein-deutschen) Berg wurde, immer nur *der Zugspitz* geheißen. Der Spitz, zudem er gern gedehnt gesprochen wird, verleugnet nicht, daß er ein Vetter vom Spieß ist.

Man sagt auch nicht »die Ecke«, sondern *das Eck,* zum Beispiel das Altheimer Eck in München, das Schlosser-Eck und das Thomaß-Eck (vom Norden anerkannt im Dreieck und Viereck erhalten).
Man sagt auch nicht »die Spalte«, sondern *der Spalt* (da tut sich ein Spalt auf), nicht »die Backe«, sondern *der Backen,* nicht »die Zacke«, sondern *der Zacken,* nicht »die Scherbe«, sondern *der Scherben,* nicht »die Fahne«, sondern *der Fahn,* nicht »die Rahme«, sondern *der Rahmen* (diese Form hat sich auch im Norden durchgesetzt), nicht »die Zehe«, sondern *der Zehen,* nicht »die Karre«, sondern *der Karren,* nicht »die Asche«, sondern *der Aschen* (man denke an den Refrain in Ferdinand Raimunds Aschenlied), nicht »die Torte«, sondern *der Torten,* nicht »die Socke«, sondern *der Sokken* (diese Genusbildungen, die mit jener bereits aufgezeigten Vermeidung der e-Endungen zusammenhängen, sind zum Teil schon in den »Orkus« der schieren Mundart hinabverbannt worden), nicht »die Akte«, sondern *der Akt,* nicht »die Röhre«, sondern *das Rohr,* nicht »die Taxe« (wie Kurtaxe), sondern *das Taxi* (von Taxameter – Wegmesser), nicht »der Bonbon«, sondern *das Bonbon,* nicht »der Barock«, sondern *das Barock,* nicht »die Petersilie«, sondern *der Petersil,* nicht »die Kartoffel«, sondern *der Kartoffel* (plural: die Kartoffel) (vergleiche: der Erdapfel, die Erdäpfel), nicht »die Zwiebel«, sondern *der Zwiebel,* nicht »das Barometer«, sondern *der Barometer,* nicht »das Radio« (ergänze -gerät), sondern *der Radio* (ergänze -apparat), nicht »das Liter«, sondern *der Liter,* nicht »das Prospekt«, sondern *der Prospekt* (prospectus), nicht »der Terpentin«, sondern *das Terpentin,* nicht »das Gehalt« eines Angestellten, sondern *der Gehalt,* nicht »der Keks«, sondern *das Keks,* nicht »die Null«, sondern *der Nuller,* nicht »die Fanta« (»Laß dir 'mal 'ne Fanta schmecken«), »die Bluna«, »die Coca Cola«, sondern, weil der Bayer ein Getränk, das dem *Kracherl,* dem *Springerl* oder dem *Limo(nad)* ähnelt, als sächlich empfindet: *das Fanta, das Bluna, das Coca-Cola.* Der Unterschied zwischen »die Tenne« und *der Tenn,* »die Zecke« und *der Zeck,* »die Reibe« und *das Reibeisen,* »die Schelte« und *der Schimpf,* »die Pappe« und *der Pappendeckel* wird hier noch einmal vom Artikel her aufgezeigt.
Nun sei zum Schluß noch eine Lanze für die bayerische Genusbildung bei den Wörtern »Schoß« und »Teller« gebrochen. Belehren uns zwar seit hundert Jahren sämtliche Wörterbücher, daß wir unrecht haben, wenn wir die Kühnheit besitzen, »das Teller« und »die Schoß« zu sagen, so fühlen wir uns

doch zu der vorwitzigen Frage gedrängt, wer uns denn da ins Unrecht gesetzt habe, wirklich das Recht – oder nicht doch knallharte, durch die Eingliederung in ein auf Unterwerfung bedachtes politisches Gebilde entstandene Mehrheits- und Machtverhältnisse?

Die Schoß heißt mittel*hoch*deutsch: diu schoz, alt*hoch*deutsch: di scoz und scaoz. (Die heutige Mundart sagt: Schaoß.) Aventin schreibt in seiner baierischen Chronik (Ausgabe von 1566): »... hat ein kleines Mistwäglein auf der Schoß« (neu*hoch*deutsch!), und in Maximilian Freybergs Chronik wird vermerkt: »Kaiser Ludwig IV. – der Bayer – verschied in einer Schoß eines Bauern.«

Das Teller müssen wir uns zum »Tellerbrett« ergänzen. »Ein tälirpret« schreibt man in der ersten Hälfte des 15. Jahrhunderts (die Schreibung »pret« hat sich im Wildpret erhalten). Die Einheit, die das Wort mit dem Brett eingegangen ist, erklärt sich aus seiner Herkunft vom italienischen »tagliare« und vom französischen »tailler«, das sich bis zur lateinischen Bauernsprache: »taleare, intertaleare« zurückverfolgen läßt und immer »schneiden« oder »durchschneiden« bedeutet. Das Tellerfleisch ist gesottenes Rindfleisch, das man vor dem Mittagessen auf dem Holzteller (dem Tellerbrett) zu schneiden und zu speisen pflegt. Das Tellerbrett war durch Jahrtausende Begleiter des essenden Kulturmenschen, um Speisen, die geschnitten werden mußten und nicht wie die flüssigen aus der gemeinsamen Schüssel gelöffelt werden konnten, darauf mundgerecht zu schneiden. Schmeller zitiert als übertragene Verwendung der Vokabel aus Westenrieders »Lob- und Ehrenrede des Heiligen Stephanus«, S. 58: »Eine frau ziert sich mit schönem gewand der worte, daß sie ihn auf ihr Teller ziehe.« Bis vor wenigen Jahren gab es im bäuerlichen Haushalt neben der gemeinsamen Schüssel nur das Tellerbrett. Was bis vor kurzem einzig als *das Tellerbrett* existierte, sollte in der kürzeren Form als *das Teller* rechtmäßig sein dürfen. In der Mundart ist die Herkunft vom französischen *tailler* heute noch klar zu erkennen. Zum Holzteller sagt man »*das Dajer*«.

Wenn wir das Schicksal der Genusbildung im Teller und in der Schoß bedenken, will der Verdacht in uns keimen, daß den Einser, den Achter und das Eck nur der »Schwarze Einser«, das »Altheimer Eck« und die »Achterbahn« davor gerettet haben, als Mundart in Acht und Bann getan zu werden.

Umlaut und Doppellaut

Der Bayer ist nicht umlautscheu; er hat keine Hemmungen, wenn es gilt, aus dem a ein ä zu machen, sei es im Plural, sei es im Komparativ, sei es im Diminutiv. Im Gegenteil, ihm gehen die Folgeerscheinungen gewisser Verklemmungen, die allmählich dudenreif werden, gegen das Sprachgefühl. Er muß, ob er will oder nicht, wie aus »dem Vater« *zwei Väter,* aus »dem Dach« *zwei Dächer,* aus »dem Hafen« *zwei Häfen* und aus »dem Rad« *vier Räder,* so auch aus dem Kragen *die Krägen,* aus dem Wagen *die Wägen,* aus dem Faden *die Fäden,* aus dem Kasten *die Kästen,* aus dem Magen *die Mägen,* aus dem Hammer *die Hämmer,* aus dem Karren *die Kärren,* aus dem Laden *die Läden,* aus der Schublade *die Schubläden,* aus dem Kaplan *die Kapläne* und aus dem General *die Generäle* machen.

Wer wollte beweisen, daß »die Tage« richtiger seien als *die Täge,* die nicht nur Adalbert Stifter unbekümmert beim Namen nennt? Übrigens wurde auch »der Name« ursprünglich im Plural zu *den Nämen* umgelautet, ebenso wie »der Sparren« zu *den Spärren.* Wir können sie als »Taag, Naam und Spaarrn« bloß noch in der Mundart hören, wobei das a in ein dem schriftsprachlichen ä entsprechendes helles à (oder aa) umgewandelt wird. Der Rand wird (noch unbestritten) zu *den Rändern;* in der Mundart heißt das: d'Raand. Der Geschmack wird zu *den Geschmäckern* (die bekanntlich verschieden sind); in der Mundart heißt es: d'Gschmaack. Der Plural-Umlaut von Pfarrer – die Pfärrer – ist nur noch in der Mundart erhalten: d'Pfaarrer.

Die Hälme werden in der Mundart zu »Haim«, weil hier der Umlaut ä von einem l gefolgt ist. Dieses Zusammentreffen regt zu einem Seitenblick auf einige Sonderbarkeiten mundartlicher Diminutivbildung an, die ohne das Umlaut-ä nicht zustande kämen:

Schwalbe – Schwälberl – Schwaiberl

Balg – Bälgerl – Baigerl

Wald – Wäldl(ein) – Waidl – Wäldler – Waidler

Schmalz – Schmälzler – Schmaizler

Spalt – Spältl(ein) – Spaitl (auch das Ergebnis des Spaltens, z. B. beim Apfel)

Falte – Fältl(ein) – Faitl

Kalb – Kälbl(ein) – Kaibi (gesprochen: Kaiwi)
Alpe – Älpl(ein) – Aipi (Bayerälplein = Boaraibi).
Die Farbe erhält ihren schriftsprachlichen Umlaut in allen Abwandlungen: *Färbung, Färber, färben* und *färbig.*
Es gibt sowohl den *Legionär* als den *Missionär* und den *Kommissär.*
Auch die Steigerung wird umgelautet: Aus »mager« wird *mäger(ig)er,* aus »schmal« wird *schmäler.* Aber machen wir uns nichts vor: Außerbayerische Redner und Schreiber jeder politischen Couleur sind emsig daran, auch die Wägen, Kästen und Läden der Mundart in die Schuhe und aus dem Bereich der Schriftsprache abzuschieben. Nur in einem ganz bestimmten Ausnahmefall meidet der Bayer das Umlaut-ä: Schon im Althochdeutschen schied sich das Baiwarische vom übrigen Deutschen; der Freyberger Laurentius schreibt: »Vor allem fehlte ihm der Umlaut von ›a‹ vor Mitlautgruppen wie rk, rt, lt, ll.« Daher sagt der gebildete Bayer heute noch: »er fahrt«, »er fallt«. Nie aber wird er »gerannt« sagen, sondern immer »gerennt«. Es wurden früher Tarnwörter gebraucht, um den Bösen irrezuführen, etwa »der Leibhaftige, der Gottseibeiuns, der Deixl«, denn: »Wenn man den Teufel nennt, kommt er *gerennt.*«
Sogar die Umlautungen des o haben im Munde eines Nichtbayern Existenzsorgen: die Mehrzahl des Herzogs, *die Herzöge,* und die Mehrzahl des Bogens, *die Bögen,* auch *die Papierbögen.* (Musterbeispiel der Aneignung: der Dokter, *die Dökter.*) Dem Umlaut ü ist noch keine Verkümmerung geschehen. Am auffälligsten sind die Schrumpfungserscheinungen beim Umlaut ä – und bei dem vom ä mitgebildeten Doppellaut äu (zum Beispiel gebildet aus »die Au« zu »das Ge-äu«, vereinfacht: »das G'äu« – im Gäuwagerl steckt es, im Gäuboden und im Allgäu!).
Das Zeitwort *schlaunen* (wohl und rasch vonstatten gehen) wird zu »*schläun dich*« (beeil dich, schick dich, tummel dich) und zu *schläunig,* neuerdings, in Unkenntnis der Herkunft, mit dem Umlaut eu geschrieben: *schleunig.* Der Verumlautung von Farbe zu *färbig* steht die Abwandlung des Doppellauts (Glaube – gläubig, braun – bräunlich, kaufen – käuflich) nahe. Der Plural von Mauer ist *Mäuern.*
In der bayerischen Schriftsprache heißt es nicht »Brau«, sondern *Bräu,* nicht »Brauer«, sondern *Bräuer,* nicht »Braumeister«, sondern *Bräumeister,* nicht »Brauhaus«, sondern *Bräuhaus* (berühmt, manche sagen: *zu* berühmt, sind das Münchner *Hofbräuhaus* am Platzl und das *Weiße Bräuhaus*

im Tal). In der Schreibung der Familiennamen tritt der Unterschied klar zutage: Jochen Brauer (Berlin) und Siegfried Bräuer (Wien). Was aber gebraut wird, ist von jeher (und noch schriftsprachlich) kein »Gebrau«, sondern ein *Gebräu.* Also sagen wir: *Das Bräuhaus, die Brauerei, der Bräu.* Es heißt allerdings nicht – und hier haben wir unser Kapitel über die Genusbildung zu ergänzen – »das Max-Emanuel-Bräu«, denn der Bräu ist keine Abkürzung für das Bräuhaus, sondern die Bezeichnung eines Mannes, des ehrsamen Brauereibesitzers, eben des Bräus. In einem Land, in dem es einmal viertausend Brauereien gegeben hat und heute noch über tausend gibt, stoßen wir bald in jedem größeren Dorf, bald in jedem Altstadtviertel auf einen Bräu. Das ist aber nun eben keine seelenlose »Großbraustätte« (nach der Wertskala des Unmenschen: groß, größer, am besten), sondern ein ganz persönlicher und gewichtiger Mann: der Bräu – einst, als der Mensch noch Unterscheidungen liebte und seinem Nächsten einen unverwechselbaren Habitus gönnte, mit standesgemäßem Schaber, dicken Backen, einem Samtkäpplein und einem goldenen Flinserl im Ohr. Dieser Bräu pflegte nie und nimmer Max-Emanuel (wie der Kurfürst, der das Schloß Schleißheim erbaut hat) zu heißen! Nein, das ist »die Max-Emanuel-Brauerei«, die noch nie einem einzelnen Bräu gehört hat. Aber man ißt und trinkt gut beim Sollerbräu (der heißt nämlich so), beim Sterneckerbräu und beim Torbräu (gleich hinter dem Isartor).

Zur Aussprache

Der Bayer betont anders

Außer bei Fremdwörtern, die er meistens angelsächsisch auf der ersten Silbe betont, neigt der Norddeutsche dazu, die Betonung auf spätere Silben zu verlegen. Der Bayer betont anders. Er sagt:
nicht grund*sätz*lich, sondern *grund*sätzlich,
nicht tat*säch*lich, sondern *tat*sächlich,
nicht frei*will*ig, sondern *frei*willig,
nicht aus*führ*lich, sondern *aus*führlich,
nicht ab*sicht*lich, sondern *ab*sichtlich,
nicht not*wen*dig, sondern *not*wendig,
nicht aus*schließ*lich, sondern *aus*schließlich,
nicht aus*drück*lich, sondern *aus*drücklich,
nicht haupt*säch*lich, sondern *haupt*sächlich,
nicht wahr*schein*lich, sondern *wahr*scheinlich,
nicht un*schäd*lich, sondern *un*schädlich,
nicht recht*fert*igen, sondern *recht*fertigen,
nicht Eis*kunst*lauf, sondern *Eis*kunstlauf,
nicht wett*eif*ern, sondern *wett*eifern,
nicht Perl*mutt*er, sondern *Perl*mutter,
nicht bis*her,* sondern *bis*her,
nicht nach*her,* sondern *nach*her,
nicht vor*her,* sondern *vor*her (der Unterschied »bis, nach, vor« wird betont),
nicht nach*dem,* sondern *nach*dem,
nicht seit*dem,* sondern *seit*dem,
nicht Süd*frank*reich, sondern *Süd*frankreich,
nicht Nord*frank*reich, sondern *Nord*frankreich,
nicht Süd*ameri*ka, sondern *Süd*amerika,
nicht Süd*tirol,* sondern *Süd*tirol,
nicht Süd*bay*ern, sondern *Süd*bayern,
nicht Nord*bay*ern, sondern *Nord*bayern,

nicht Nach*mit*tag, sondern *Nach*mittag,
nicht In*sass*en, sondern *In*sassen,
nicht noch *ein*mal, sondern *noch* einmal (wenn es nicht das letzte Mal ist) – (doppelt so schön – *noch* einmal so schön),
nicht Ruh*pol*ding, sondern *Ruh*polding,
nicht Fel*da*fing, sondern *Fel*dafing,
nicht Tyr*lach*ing, sondern *Tyr*laching,
nicht Lebens*mitt*elgeschäft, sondern *Leb*ensmittelgeschäft,
nicht Pfeffer*minze*, sondern *Pfeffer*minz,
nicht Augen*blick* (mal), sondern (einen) *Au*genblick,
nicht neben*an,* sondern *neb*enan,
nicht allge*mein,* sondern *all*gemein,
nicht außer*dem,* sondern *auß*erdem,
nicht Hage*butte,* sondern *Hage*butte,
nicht gegen*wärt*ig, sondern *geg*enwärtig,
nicht Unter*see*boot, sondern *Unt*erseeboot,
nicht Ober*bürg*ermeister, sondern *Ober*bürgermeister.

Keine Regel ohne Ausnahme

Nicht *Bürg*ermeister, sondern Bürger*mei*ster,
nicht *Neu*jahr, sondern Neu*jahr* (das »neu' Jahr«),
nicht *Ober*pollinger, sondern Ober*poll*inger (der »ober' Pollinger« im Gegensatz zum unteren Pollinger, den es früher in der Kaufingergasse gab).

Ausnahmen bilden auch manche mehrsilbigen Schreib- und Hofnamen, etwa Gallus*grub*er, Gold*brunn*er, Scheu*eck*er, Knödl*sed*er, Schikan*ed*er oder Wald*müll*er.

Verhältniswörter bleiben unbetont

Es gibt keine Sprache, die ein so unwesentliches, tatsächlich nur das äußere Verhältnis eines Gegenstandes zum anderen bezeichnendes Wort wie die Präposition hervorhebt. Auch in der bayerischen Hochsprache wird nicht

die Präposition, sondern das Fürwort, auf das sie sich bezieht, betont. Das heißt dann:
nicht *zu* mir, sondern zu *mir,*
nicht *bei* mir, sondern bei *mir,*
nicht *zu* sich, sondern zu *sich,*
nicht *bei* sich, sondern bei *sich,*
nicht *bei* euch, sondern bei *euch,*
nicht *zu* ihm, sondern zu *ihm,*
nicht *mit* mir, sondern mit *mir,*
nicht *um* sich, sondern um *sich* usw.
(Der bayerische Schauspieler Walter Holten wurde von einem zugereisten Regisseur – auf bayerischem Boden – nicht mehr eingesetzt, weil er sich hartnäckig geweigert hatte, die Präpositionen zu betonen.)

Unser Chef ist kein »Cheff«

Nicht Rooböt, sondern Robert (ebenso Hubert und Lambert)
nicht Schuuböt, sondern Schubert
nicht Fredd, sondern Fred
nicht Cheff, sondern Chef
nicht Eddmund, sondern Edmund
nicht Eddgar, sondern Edgar
nicht Glass, sondern Glas
nicht Radd, sondern Rad
nicht Badd, sondern Bad
nicht Geschoss, sondern Geschoß (wie Schoß)
nicht dass (Artikel), sondern das
nicht ess, sondern es
nicht hinn, sondern hin
nicht inn, sondern in
nicht ann, sondern an
nicht vonn (davonn), sondern von (davon)
nicht obb (als obb), sondern ob (und ob!)
nicht grobb, sondern grob
nicht Unn(ruhe), sondern Un(ruhe)

nicht rössten, sondern rösten
nicht Höchcherl, sondern Höcherl (von »höcher« = höher)
nicht weck (wie Dreck) (weniger, nicht mehr da), sondern weg.

Wir duschen nicht in der »Duuhsche«

Nicht Duuhsche, sondern Dusche
nicht Moohnd, sondern Mond
nicht Moohntag, sondern Montag
nicht Kruuhste, sondern Kruste
nicht fruuhchtig, sondern fruchtig
nicht Geruuhch, sondern Geruch
nicht Kuuhfstein, sondern Kufstein
nicht Raahmersdorf, sondern Ramersdorf.

Unterschlagung und Verfärbung von Buchstaben

Es ist schwer einzusehen, warum in manchen Wörterbüchern die einzig richtige Aussprache des Zahlwortes »zwanzig« als »zwanzich« angegeben wird und warum jetzt in manchen Kirchen zu hören ist: »Von Ewichkeit zu Ewichkeit«. Aus was für Gründen die Endsilbe »ig« wie »ich« ausgesprochen werden soll, wäre einer wissenschaftlichen Untersuchung wert. Ursprünglich mag es sich um eine von norddeutschen Schauspielern eingeschleppte Aussprache gehandelt haben, die nicht nur von der nach Mehrheitsverhältnissen entscheidenden Duden-Redaktion gebilligt, sondern auch von vielen nachahmungsfreudigen Bayern anerkannt wurde. Wer »Vertrachch« (statt Vertrag) sagt, beweist nur die Nähe seiner Aussprache zum niederdeutschen, sächsischen und friesischen Bereich. (In Holland wird das Wort »hoch« wohl »hoch« gesprochen, aber »hoog« geschrieben.) Es ist nicht einzusehen, warum zwar »ledich«, aber »lediglich« gesprochen werden muß. Man kann getrost voraussetzen, daß das g dort, wo es als ch gesprochen werden soll, auch als ch geschrieben wird. Das g ist nämlich nichts anderes als ein k ohne h-Nachlaut. Es bleibt jedenfalls wahr, daß Ludwig bei der Mehrzahl aller Deutschsprechenden nicht Ludwich heißt. Im Tschechischen wie in anderen europäischen Sprachen wird das g sogar als k geschrieben und so seine Aussprache unmißverständlich gemacht: *Ludvík.*

Es heißt auch nicht dankö, sondern *danke,* nicht gönau, sondern *genau,* nicht Witwö, sondern *Witwe,* nicht Ebnö, sondern *Ebene* (hiermit kommen wir zu den unterschlagenen Silben): nicht Vertriebne, sondern *Vertriebene,* nicht Gestorbne, sondern *Gestorbene,* nicht Veredlung, sondern *Veredelung,* nicht Spanjen, sondern *Spanien,* nicht Pinjen, sondern *Pinien,* nicht Familje, sondern *Familie* (viersilbig gesprochen: Fa-mi-li-e, I-ta-li-en).

Auf Grund welcher Minderwertigkeitsgefühle sich die Bayern eine Verpönung des geläufigen und von den häufigsten Sprachen vorgeschriebenen Zungen-r (die Zungenspitze vibriert auf der oberen Zahnreihe) gefallen lassen, ist ein Rätsel. (Die meisten Norddeutschen können es nicht bilden; anscheinend ist das Grund genug, den Bayern das norddeutsche Gaumen-r aufzuzwingen; sie müssen umlernen, wenn es ihnen befohlen wird.)

Der Bayer spricht die Konsonantenfolge chs als x wie in Fuchs, Dachs und Wachs. Das Zeitwort wachsen wird zu *waxen,* aber auch der Nächste (mundartlich naaxte) zum *Näxten.* Die *Schuchsen* (vergleiche im Kapitel über die Speisenkarte) werden zu *Schuxen.* Die Flächsen (Sehnen) werden zu *Fläxen,* abgeleitet vom lateinischen Flexus für Biegung. Hier hat sich die mundartliche Form *Flaxen* auch in der Schriftsprache durchgesetzt.

Wie in romanischen Sprachen, besonders im Französischen, wirft auch in der bayerischen Hochsprache das »n« seinen Schatten voraus, macht den vorausgehenden Vokal nasal, zum Beispiel in den Wörtern »ein«, »Bein«, »Lohn«, »mein«, »dein«, »sein« und »nein«. Die »neun« Buben werden anders gesprochen als die »neuen« Kleider.

Auf keinen Fall werden in der bayerischen Hochsprache Endsilben, die mit einem deutlich verlauteten Vokal schließen, unterschlagen, sobald ein klingender Konsonant (nämlich der Nasenlaut n) daran hängt. Der norddeutsche Fremde sagt wohl »bringe«, aber »bring« (für *bringen*), wohl »komme«, aber »komm« (für *kommen*), wohl »Blume«, aber »Blum« (für *Blumen*), wohl »Tanne«, aber »Tann« (für *Tannen*). Der Plural gerät ihm bei der Aussprache »Genehmigung« zum Singular. Der Bayer sagt nicht Innhof (wie Isarhof), sondern *Innenhof.*

Der Bayer liest und spricht:

nicht Dorchschnett, sondern Durchschnitt,
nicht Schüff, sondern Schiff,
nicht Tüsch, sondern Tisch,
nicht jong, sondern jung,
nicht Borg, sondern Burg,
nicht Rondfonk, sondern Rundfunk,
nicht zoröck, sondern zurück.

Dergleichen Lautverschiebungen hat Grillparzer bei den Radebrechereien Galomirs (»Weh dem, der lügt!«) im Sinn gehabt.

Das Bayerische ist nach Süden orientiert

Am Ende der Römerzeit lebte in den römisch besetzten Gebieten zwischen Limes und Alpen eine keltoromanisch-römischgermanische Mischbevölkerung, die mehr oder minder assimiliert, auf jeden Fall provinzial-römisch geprägt war (wie in Gallien) und Züge der Reichs- und Weltkultur trug.

KARL BOSL, *Bayerische Geschichte*

Der Bayer vermeidet die nieder- und angelsächsischen Betonungen, er sagt
nicht *Kon*sum, sondern Kon*sum* (Kon*sum*verein, italienisch: con*sumo*),
nicht *Mo*tor, sondern Mo*tor* (mo*teur*),
nicht *Ta*bak (Anno *To*bak), sondern Ta*bak* (ta*bac*),
nicht *Kaf*fee (*cof*fee), sondern Ka*ffee* (ca*fé*) (die Betonung, die im Französischen der accent d'aigu erreicht, wird im Deutschen durch Doppel-e bewirkt; im Englischen hat das Doppel-e keinen Einfluß auf die Betonung, sondern lediglich auf die Färbung des Vokals, macht ihn zum i),
nicht *As*phalt, sondern As*phalt* (französisch: as*phalte*),
nicht *Tele*phon, sondern Tele*phon,*

nicht *Tunn*el, sondern Tun*nel* (wie Karu*ssell*) (französisch: tu*nnel*),
nicht *Ki*osk, sondern Ki*osk* (türkisch: Ki*uschk*),
nicht *Pull*over, sondern (sogar das englische Wort spricht ein Bayer unenglisch aus): Pull*over,*
nicht *Fi*aker, sondern Fi*aker* (fi*a*cre).

Ein Pariser Gasthaus an der nach der Kirche Sankt Fiacrius benannten »rue St. Fiacre« (die heute noch so heißt) führte im 17. Jahrhundert den heiligen »Fiacre« im Schild. Nikolaus Sauvage, der in diesem Haus wohnte, erhielt 1650 von dem blutjungen König Ludwig XIV. die Genehmigung, ständig eingespannte Mietkutschen zum allgemeinen Gebrauch vor seinem Haus aufzustellen. Zu Ehren des Bildes des heiligen Fiacre bekamen diese Kutschen, die bald an vielen anderen Plätzen und in vielen anderen Städten auftauchten, den Namen »Fiaker«. Im Brockhaus von 1852 heißt es: »Hinsichtlich der Ordnung stehen die Fiaker meist unter sehr strenger polizeilicher Kontrolle; hinsichtlich des Fahrpreises aber ist dies zum großen Nachteil des Publikums nicht überall der Fall.« In Brandenburg-Preußen und seit der Mitte des 19. Jahrhunderts in ganz Norddeutschland ist die aus der russischen Sprache übernommene »Droschke« (der Schwangbaum: droga, Plural: drogi, Verkleinerung: droschki) gebräuchlicher.

Der Bayer sagt nicht »Axion« (wie Axiom), sondern »Akzion« (*action,* von agere, handeln). Sagt nicht »Schina« oder »China«, gesprochen wie das hebräische Wort »Chuzpe«, sondern *China (Kina),* griechisch gesprochen wie Cholera (offenes o wie Wolle; das Wort hat nichts mit Kohlen zu tun, sondern mit Gallensucht – wahrscheinlicher vom hebräischen »Chaul rah«: »schwere Krankheit«, zur Tautologie verdorben in dem Sprichwort »zureden wie einem kranken Gaul«), Chamille (Kamille), Chor, Chalzedon, Chrisam, Chrom, Chlor, Orchester, Chaos, Christus, Chirurg, Chronik und Chemie. Eine »Original«-Aussprache des Wortes »China« ist nicht möglich, weil es weder seiner Schreibung noch seiner Gestalt nach in China selbst bekannt ist. Seine Herkunft ist schwankend, stellt wohl die indische Umformung der alten Dynastie Ts'in dar; aber die Aussprache »Tschina« wird selbst von Sinologen abgelehnt. Also muß die Tradition genügen. Wenn wir uns auf die Tradition berufen, stellt sich sofort Sicherheit ein. Der Kaiser von China und der Chinesische Turm in München, die Chinesische Nachtigall und der Chinesensepperl im Fasching sind dem Bayern keine Fremdlinge.

Die Verbindung mit dem Süden war für ihn schon seit den Tagen der Antike geschlossen, die Wechselwirkungen nach Frankreich, Italien, Istrien und Griechenland waren zahlreich. Französische Betonung und griechische Aussprache waren ihm selbstverständlich, bis vor wenigen Jahrzehnten das uralte arianische und marianische Bayern im Süden abgeschnürt (durch die von Bismarck unterstützte national-italienische Aufrüstung gegen die süddeutschen Staaten) und im Osten durch die neue »Reichs«-Grenze am Inn zugemauert wurde. Die Achse München–Berlin war geschlossen, die Achse München–Wien zerbrochen. Und daran hat sich, trotz allem Fremdenverkehr, trotz aller Gastarbeiter, nichts geändert. Als bezeichnendes Detail aus einer Zeit, in der Bayerns Lebensadern – wie der Donaustrom – nach Südosten flossen, verdient erwähnt zu werden, daß die Berliner jahrhundertelang ihren Kaffee über Hamburg aus London geliefert bekamen, die Münchner über Wien aus der Türkei. Der Bayer empfindet manche Fremdwörter nicht als fremd und beginnt rasch, sie der eigenen Zunge anzubequemen, bildet, obwohl ihm die nasale Aussprache von Haus aus gegeben ist, ein deutlich wahrnehmbares »n«, wenn er »Balkon« sagt, und macht (von diesem »n« her) den vorausgehenden Selbstlaut nasal, ohne es zu merken, ganz wie er es bei den heimischen Wörtern tut; eine Notwendigkeit, aus Ermangelung dieser natürlichen Fähigkeit, sich mit einem fälschlichen Nasallaut zu behelfen und »Balkong« zu sagen, besteht nicht. Also sagt er, wie er es geschrieben liest, nämlich mit Endungs-n: Ballo*n* (Luftballo*n*), Beto*n*, Waggo*n*, ra*n*gieren und tra*n*chieren wie Ma*n*(schette). Von der Betonung der Ursprache entfernt er sich, wenn er, statt »Uni*form*« zu sagen, die erste Silbe »*Uni*« betont, und wenn er statt »Vanilje« *Fanil* sagt (Fanilzucker). »*Mar*zipan« spricht er wie »*Mar*kusbrot«. (Oder handelt es sich einfach um ein »geknetetes« Brot? Die Herkunft ist umstritten.)

Vollends die Heiligen, die ihn als leuchtende Vorbilder durch sein ganzes Leben begleiten, die ihm Schutzpatrone und Taufnamen der Angehörigen sind, hat er sich nicht nur (hinterglas)bildlich, sondern wörtlich in die gemütliche Stube genommen. Aus dem Ge*or*gius, der richtig auf der zweiten Silbe betont wird, hat er sich den *Ge*org, dessen Betonung auf der ersten Silbe liegt (in der Mundart »Schos« von Schorsch) gemacht, der Laur*en*tius ist ihm zum *Lor*enz, der Ig*na*tius zum *I*gnaz, der baierische Salzpatron Ru*per*tus zum *Ru*pert, der Se*bal*dus zum *Se*bald, der Jo*hann*es zum *Jo*hann geworden. Den *Jo*achim (den Vater Mariens), der sich von »jehova« herleitet, betont er hebräisch auf dem o; einen Achim könnte er nicht daraus machen. Den Sil*vester* (vom lateinischen silva, der Wald, silvanus, der Waldgott, silvius, der Waldmann) schreibt er lateinisch (aus der Kirchengeschichte lernt er vom *Papst Silvester,* der am letzten Tag des Jahres 335 starb), italienisch, spanisch und französisch *mit i* (i wie Silvester) und macht ihn sich als Festl noch heimischer. Eine Ausnahme: der Bayer sagt nicht *Gis*la, sondern Gi*sel*a, spricht von der Münchner Gi*sel*aschule und Gi*sel*astraße. Dabei hat er die französische Gisèl im Ohr. Der Passauer verehrt seine selige Gi*sel*a, die bayerische Herzogstochter, Kaiserschwester, Königin von Ungarn und Äbtissin von Niedernburg.

Der Hiatus

Mir Boarn solln-net-tanzn, wia-r-an-anderner pfeift und solln-net-dahi schiaßn, wo-r-an-anderner will.

JOSEPH MARIA LUTZ, *Brandner Kaspar*

Schon in der altbayerischen Mundart finden sich, wie in den anderen bayerischen Mundarten, mannigfaltige Beispiele für eine ursprüngliche Freude an der Bindung, die sogar über den Abstand von Wörtern hinweg nicht nachläßt. So sagt der Bayer statt: »Aa a Opfi« (auch ein Apfel) »Aa-r-a-n-Opfi«, für »Auch ein Augenglas«: »Aa-r-a-n-Augnglos«.

Wieviel weniger würde es ihm einfallen, nach Silben zu trennen. Er spricht die drei Silben »miteinander«, die ein einziges Wort bilden, also zusammengehören, miteinander, er spricht »mit-ein-ander« nicht *aus*-ein-ander. Er spricht die Silben des Wortes »Verein« wirklich im Verein.

Der Bayer (mit keltischem, illyrischem und lateinischem Erbe) *bindet* die Vokale wie der Romane. Zwei Beispiele seien aus vielen herausgegriffen: Maestro und Aosta. Auch den Arcangelo läßt der Romane beisammen; er trennt nicht das Erz vom Engel. Der Borusse – vielleicht ist es ein kleines sprachliches Merkmal allgemeiner Bindungsschwäche – zerhackt sie mit dem Hiatus, dem sogenannten Gähnlaut (von hiare, klaffen, gähnen), der nur beim Zusammentreffen zweier Vokale am Ende des einen Wortes und am Anfang des folgenden statthaft ist; er tut, als hätte er zwei Wörter vor sich, wenn er Micha-el sagt statt Michael, The-ater statt Theater, Emma-us statt Emmaus, Di-ogenes statt Diogenes und – Hi-a-tus statt Hiatus.

Der verzwickte a-Laut

»Hodern, Gloser, Moler und Stol (für Stadel)« – das ist die anfängliche, heute noch in weiten Teilen Altbayerns und Österreichs übliche Aussprache, die sich erst spät und nur in verstädterten Gebieten mit ihrer größeren Bedeutung der Schriftsprache dem a näherte.

Wir können ursprünglich vier a-Laute unterscheiden, die sich heute noch am klarsten in Niederbayern und Oberösterreich auseinanderhalten lassen. Das bereits genannte geschlossene o im Wosser (gesprochen wie in dem Kleidungstück Hose), das offene o in Schåtz (dem Gspusi), das noch offenere, dumpfe, nur noch ein wenig zum o hin gefärbte a im Faß und endlich das helle à, das für den schriftsprachlichen Umlaut ä verwendet wird: Fàßl (Fäßlein), Ràtsl (Rätsel) oder das Ghàr (das Gehär, das Gehaare).

Wie dürr mutet uns das vom Duden geforderte Einheits-a nun an, das es schon aus dem simplen Grund nicht geben kann, weil es in Bayern zahlreiche aus der Mundart (der Ursprache) hervorgegangene Flur-, Orts-, Haus- und Familiennamen gibt, die sich zwar schriftdeutsch, aber niemals unter Verzicht auf das helle bayerische à (ä) aussprechen lassen, wie *Pasing, Schwabing* (einst Schwäbing), *Zamdorf* (Zämdorf), *Grafing* (Gräfing), *Hàscherl* (Häschlein), *Plàttl* (Plättlein), *Hàberl* (Häberlein), *Schmànkerl* (Schmänkelein – ursprünglich die am Geschirr angebratene Kruste), *Bràndl* (Brändlein)! Hier und in den *Hàndschuhen* (eigentlich: Händschuhe, wie Lena Christ in den »Erinnerungen einer Überflüssigen« schreibt) paart sich der helle à-Laut mit dem Nasallaut, der jeden einem n vorausgehenden Vokal einfärbt. Grundregel: Das Verkleinerungs-l bedingt einen vorausgehenden Umlaut, der beim a ein helles à ist. Kastenmüller wird so zu *Kàstlmüller* (Kästlein), Randkofer zu *Ràndlkofer* (Rändlein). Der bayerische helle à-Laut ist wesensgleich mit dem romanischen hellen à, zumal wenn das Wort in einer romanischen Sprache wurzelt wie das *Bàmperl* (gleich dem Bambs von Bambino).

Daß Bestrebungen der zwangsweisen Vereinheitlichung aller a-Laute nicht allein vom Duden oder vom Lehrbuch der Bühnensprache (Siebs) ausgehen, zeigt uns das ältere Beispiel der a-Nivellierung an den österreichischen Schulen. Es ist nämlich ein Kreuz mit dem hellen »à«, das sich, als vermeintlich schriftsprachliches Merkmal, wie der Meltau über die Rebgärten, von Wien über alle österreichischen Landschaften ergießt. Vom Burgenland bis zum Bodensee, von Roseggers Waldheimat bis zum Innviertel wird mit seiner Hilfe die Einebnung der Sprache betrieben: Ein Relikt josephinischer Aufklärung, ursprünglich gegen das magyarisch dumpfe a gerichtet, obendrein fälschlich und mißverständlich aus dem bajuwarischen Verkleinerungs-à gebildet, das etwa auftritt im *Màdl* (Mädlein), im *Schàffl* (Schäfflein) oder in der Sprudellimonade, genannt *Kràcherl*. Man unternimmt es, den »Teufel« eines verschieden schattiert zum o hingefärbten mundartlichen a mit dem »Beelzebub« einer anderen mundartlichen a-Form, die eigentlich eine ä-Form ist, auszutreiben. Was man als Schriftsprache (echt wienerischer Kanzleistubenprägung) in den Schulen erzwang, wurde recht gut als Mittel zur Nivellierung begriffen. Nicht anders verfahren seit Jahr und Tag Verwaltungsorgane der Bundesrepublik mit dem widerspenstigen Freistaat Bayern.

Als die wackeren Rieder zu Anfang des neunzehnten Jahrhunderts, mit der neuen österreichischen Verwaltung unzufrieden, Bestrebungen unterstützten, die das Innviertel an Bayern zurückgliedern wollten, wo es dreizehn Jahrhunderte lang gewesen war, brachte man ihnen, wie zuvor schon den Salzburgern, schnell und gründlich mores bei, galt es doch – was war einfacher –, nur die dortigen Abweichungen von der Wiener Schriftsprache auszubügeln. Hatten bisher im Innviertel biedere heimische Lehrer nicht anders als vordem unter bayerischem Souverän ihre bäuerlichen Abc-Schützen mit allen Ungewöhnlichkeiten der Schriftsprache vertraut zu machen gesucht, wurde von der Zentrale jetzt eilends das helle à befohlen und überdies künftig die störrische Provinz mit Wiener Staatsbediensteten versorgt. Was die schriftsprachliche Ausdrucksweise, der Bürger und Beamten zuvörderst, betraf, war damit der Inn zur unüberhörbaren Grenze gemacht. Nicht erst seitdem wohnt diesem hellen à auch ein gewisser antibayerischer Affekt inne, der bei Unwissenden immer noch Anklang findet.

Langsam, aber sicher wirkt sich dieses schriftsprachlich gedachte helle à auch als schleichende Vergiftung der Mundart aus, in der man seitdem hoffnungslos zwischen der Aussprache »Adler« und »Odler« schwankt. Josephinische Unduldsamkeit gegen Mundarten, gegen Abstufungen (nach dem Grundsatz: »Gleichheit, Gleichheit über alles, auch in der Sprache«), scheint unseren aufgeklärten Zeitgenossen nach dem Sinn zu stehen, deren Ausdrucksweise das Testament des Unitarismus vollstreckt.

So kann auch in unseren Tagen eine Entwicklung erst richtig in Gang kom-

men, die sich bis 1945 auf Wien beschränkte: Das weit und breit in den österreichischen Landen, etwa in Tirol, Salzburg, Steiermark und Oberösterreich, nicht anders als in Altbayern gebildete mundartliche »oa« (dessen Güte angeblich mittels der Verballhornung »Loawitoag« überprüft werden kann) beginnt sich – zugunsten eines von der alten Heimat der Bojer kommenden fränkisch-böhmischen (bambergisch-babenbergischen?) und wienerischen »à«, das gleichfalls dem hellen »à« im bajuwarischen *Fàßl* abgelauscht ist – zurückzuziehen, so daß aus dem »Loawitoag« nun ein »Laawitaag« und – mit Verlaub gesagt – aus dem »Schoaß« ein »Schaaß« wird. (Die böhmischen Einflüsse im Wienerischen – »wir haben sich gebadet« – waren übrigens bis zum Bau der Ringstraße, der die vielen tschechischen Taglöhner brachte, unerheblich.) Auch hier sind es neben den Alpenbewohnern und überhaupt den bäuerlichen Menschen wieder vornehmlich unsere Innviertler, die sich – wie lange noch? – derlei mundartfeindlichen Vereinheitlichungen widersetzen. Aus dem »Oa« von der Henne müßte nach solchen unitarischen Bestrebungen eigentlich ein »Aa« werden. Aber es geht nicht. Also begnügt man sich mit einem (mehr oder weniger breit gesprochenen) Ei (»Ää«). Das ist ohnehin »feiner«.
Es bleibt dabei: Es gibt verschiedene a-Laute in der bayerischen Hochsprache. Niemand wird einen Bayern dahin bringen, »Asien« so auszusprechen wie »Vater«. Das helle à ist dem Bayern (ganz gleichgültig, aus welcher Gegend Bayerns er stammt) überdies in jedem Fremd- oder Lehnwort geläufig: Wie in »Asien« auch in »Afrika« und in »Australien«, auch in den Wörtern »Vakanz«, »praktisch«, »tarnen«, »Max« und »Frack«, in allen Wörtern, die auf »alien« enden sowieso, bis hin zu den »Amalien« und »Dahlien«. Auch die Wörter »vertrackt«, »Katarakt«, »Takt« und »Pakt« gehören dazu. Der nasal gesprochenen »Kante« hört man das n an. Es sind Wörter mit jenem hellen à, das die österreichische Schule nivellierend auf alle anderen a-Wörter ausgedehnt wissen wollte.

Ein Seitenblick auf die Mundart

(oa und ea, zwo und zwen)

Nicht nur in Österreich, auch in Altbayern sind manche Doppelvokale durch zu vieles »Verständlich-Machen«, durch zu vieles Anpassen, durch zu

viele Hemmungen vor »besser deutsch« sprechenden Nichtbayern, nicht mehr die kräftigsten, so das Ai (ei) »oa« und das Ie (ie) »ea«. Immer seltener hört man die Wörter: Kroas (Kreis), der Oagne (Eigene, ältere Form: der Oigne), Zoacha (Zeichen), Zoager (Uhrzoaga), Moa (Mai, Moabaam), Toal (Teil, »wann ma toalatn!«), bloach (bleich, wia da Toud), Bleame (Blümlein), zeam (ge*ziem*end). Immer seltener hört man sie bei Ortsnamen. Unter den »rachitischen« Wörtern fallen besonders auf: »Hoamstetten« (Heimstetten, nasal gesprochen als Hoaschting), »Proasing« (Preysing), »Oabling« (Aibling), »Hoadhausen« (Haidhausen, eigentlich: Woadhausen), »Loam« (Laim, Berg am Loam)... oder »Wean« (Wien), »Ream« (Riem), »Prean« (Prien), »Pleaning« (Pliening). »Zwoa« ist in der Mundart eine auf das Neutrum bezogene Aussprache des Zahlworts. Auf das männliche Geschlecht wird es als »zwe(n)« (nasal gesprochen), auf das weibliche als »zwo« bezogen. Deswegen geht es dem eingesessenen Bayern, gleich, ob er Mundart spricht oder nicht, gegen das Sprachgefühl, grundsätzlich, wie man es häufig am Telephon hören kann, »zwo« zu sagen.
Im Ostbaierischen, das allmählich im Gäuboden anhebt, auch im Unteren Rottal, im Bayerischen Wald, in Teilen der Oberpfalz, Oberfrankens und Mittelfrankens (dem alten »Nordgau«), im Innviertel, Mühlviertel, Waldviertel und Landl, das hinunterreicht bis Wien, wird nicht »schwarz« gesprochen, sondern *schwoaz* (altinnviertlerisch *schwochz*), nicht »fahrn«, sondern *foahn.* Warnung vor Täuschung: Das ist nicht »österreichische«, sondern baierische Mundart.

Grammatikalische Latinismen in der Mundart

Der Dativ des Besitzes wird im Baierischen wie im Lateinischen gebildet:
Dem Joseph gehört ein Haus (das ist deutlicher als:
»Joseph hat ein Haus«)
Dem Joseph sein Haus (statt »Josephs Haus«)
Dem Ahndl sein Geist (statt »Ahndls Geist« – welche Sprachbarbarei!)
Die Ablativfragen heißen im Baierischen:
Mit was? Durch was? Wegen was? Über was? Von was?
»Die Gattin zeigt dem Kaiser die Edelsteine, daß er sie anschaue.« »Das Volk fordert, daß die Löwen den Kaufmann töten.« *Beide* Male wird im

Lateinischen *ut* gesetzt. Wie im Lateinischen gibt es auch im Baierischen bei den Finalsätzen keinen Unterschied zwischen *damit* und *daß*.

Im Baierischen konjugierte man im Althochdeutschen lateinisch: tragu, tragis, tragit, tragamens, tragat, tragant / sagu, sagis, sagit, sagamens, sagat, sagant. Dritte Person plural: sie tragant, sie sagant. Noch heute heißt es in altbayerischer Landmundart: »sie tragnt, sie sagnt, sie zahlnt«!

Is – ob dieses Demonstrativpronomen (statt ea) für die Herrin, die Frau des Hauses, nämlich die Bäuerin (»sie« als Hinweis) (»is kimmt glei eina!«), auf das Mißverständnis eines »Lateinerleins« vor zweitausend Jahren zurückzuführen ist?

Der Altbayer unterscheidet übrigens beim Possesivpronomen (wie der Römer) *sein* und *ihr* nicht. So sagt er: »Dem Martin sein Luftballon«, aber auch: »Der Anna sein Luftballon«. Wenn der Bayer sagt: »Der Maria seine Kinder«, ist das also nicht »geschert«, sondern römisch.

Quam, das sowohl das vergleichende *wie* als auch das komparative *als* bedeutet, hat im Baierischen seine Entsprechung. Hier wird der Komparativ *als* durch *wie* ausgedrückt. »Das Haus ist größer wie die Hütte.« Sogar Richard von Volkmann-Leander schreibt: »... ganz anders wie ein gewöhnlicher Wald.«

Das Fehlen des Plusquamperfekts, das heißt, die Verwendung des Perfekts im postquam-Satz (nachdem), ist im Baierischen erhalten geblieben.

Nach den Präpositionen *bei* und *wegen* wird in Altbayern wie im Lateinischen (propter, apud) der Akkusativ gesetzt. Im Altbayerischen heißt es – wie im Lateinischen – nicht »bei den Griechen«, sondern »bei die Griechen«, »bei die Perser«; nicht »wegen der Griechen«, sondern »wegen die Griechen«, »wegen die Perser«. Auch nach der Präposition *hinter* steht im Altbayerischen wie im Lateinischen der Akkusativ. Post hortum – »hinter den Garten – hintern Garten«. Das gilt wie im Lateinischen auch von ante (*vor*), contra (*gegenüber*) und prope (*nahe bei*).

Auch nach den Präpositionen *zwischen, unter, während* (inter) steht im Altbayerischen wie im Lateinischen keineswegs der Genitiv, sondern der Akkusativ, also heißt es hier nicht »während des Kampfes«, sondern »während den Kampf« (inter'*n* Strei'n – inter pugnam – üntern Raffa).

Handwerkernamen

Es geht um die Frage, ob der deutsche Bundestag befugt ist, durch Gesetz allgemeinverbindlich zu beschließen, welche Wörter als Schriftsprache und welche als Dialekt zu gelten haben.

HEINZ BÄUERLEIN

Eine Sprache, die mehrere Bezeichnungen für denselben Begriff bereithält, ist reich. In deutschen Wörterbüchern liest man Fleischhauer, Schlächter, Fleischer und Metzger für denselben Beruf. Daß dergleichen Bezeichnungen mitunter landsmannschaftlich begrenzt sind, läßt sie der deutschen Sprache nicht verlorengehen. Nun gibt es neuerdings in Bayern keine *Schreiner*, keine *Kaminkehrer*, keine *Schäffler*, keine *Metzger*, keine *Hafner*, keine *Spengler* und keine *Tapezierer* mehr. Es handelt sich beileibe um keinen Scherz: Ein Bonner Bundesgesetz vom 9. September 1965 zwingt den Bayern an Stelle dieser Bezeichnungen amtlich »Tischler«, »Schornsteinfeger«, »Böttcher«, »Fleischer«, »Töpfer«, »Klempner« und – man staune über diese Sprachschöpfung – »Raumausstatter« auf.

Etwas Törichteres läßt sich schwer denken, als den Reichtum einer Sprache gesetzlich zu verbieten. Denn tatsächlich folgt ein langsames Austrocknen und Aussterben behördlich nicht gestatteter Wörter. (Daß die schriftdeutsche Monatsbenennung *»Jänner«* – wie März statt Martius [Westenrieder: »Am 31. Jänner bekam ich die Goldene Medaille«] – als Folge reichsobrigkeitlicher Sprachregelung nach 1871 aus dem bayerischen Wortschatz fast verschwunden und bald nur noch auf bayerischen Grabsteinen zu finden ist, sei als geringfügiges, aber treffendes Beispiel angeführt. Ähnlich verhält es sich mit der zwangsweisen Auswechslung des bayerischen Buchstaben *»Je«* gegen das brandenburgische »Jot«. In der Tat kann in Berlin das »Je« mit einem »Ge« verwechselt werden.) Wenn ein Schäffler nur noch »Böttcher« hört, so wird er langsam auch dazu. Selbst wenn er bei der Aussprache seines Berufs die Mundsperre bekommen sollte.

Würde es sich bei dem ehrwürdigen, aus dem dreizehnten Jahrhundert stammenden Ausdruck »Schreiner« wenigstens um pure Mundart handeln! Aber wir haben es hier mit einem schriftsprachlichen Begriff zu tun, nicht weniger als beim *Schrein,* beim *Kamin,* beim *Kehren,* beim *Gemetzel* oder beim *Schaff.* Das Wort »Böttcher« gehört übrigens der niederdeutschen Mundartgruppe an und steht niederdeutschen Sprachen wie dem Niederländischen näher als dem Schrift- und Hochdeutschen, geschweige dem Hochbayerischen. Selbst wenn das Wort in seiner Schreibung dem Schriftdeutschen angepaßt und als »Böttiger« angegeben würde, begegnete es nicht einem allgemeinen deutschen Verständnis, denn wo anders als in niederdeutschen und nordwestdeutschen Landstrichen gibt es eine Bütte oder einen Bottich? Nein, *ober*deutsche Wörter sind, so meint es die ursprüngliche Bedeutung des Namens, *hoch*deutsche Wörter: *Küfer, Binder, Faßbinder* (das Faß ist ein Gebinde), *Schäffler.* Das Wort *Schaff* ist im ganzen deutschen Sprachraum verbreitet, der Schäffler auch in Österreich daheim. Trotzdem darf die richtige Bezeichnung in der bundesrepublikanischen Handwerksordnung nicht einmal in Klammern hinter dem platten Ausdruck »Böttcher« erscheinen.

Sollte es wirklich nach diesem Gesetz gehen, müßten allerdings folgerichtig auch unsere Familiennamen geändert werden; dann hieße der Dichter *Karl Spengler* künftig »Karl Klempner«, der Inhaber des Pfeiffer-Verlages nicht mehr *Josef Hafner*, sondern »Josef Töpfer«, und die Nürnberger Lebkuchenfabrik nicht mehr *Haeberlein-Metzger,* sondern »Haeberlein-Fleischer«. In München aber würde es inskünftig am Marienplatz keinen *Metzgersprung* mehr geben dürfen, nur noch einen »Fleischersprung«.

Ein Germanist kann an der Fabrizierung solchen Unsinns nicht mitgewirkt haben. »Durch Gesetz reglementierter Sprachgebrauch, das hat uns gerade noch gefehlt«, kommentiert Herbert Schneider dieses »bitter notwendige« Gesetz. »Vielleicht wird morgen schon der Samstag durch Bundesgesetz einheitlich in den Sonnabend verwandelt, weil in diesem Lande Zucht, Ordnung und Dirigismus herrschen müssen!« Es ist schon so, wie Janko von Musulin auf die von der Zeitschrift »Wort in der Zeit« gestellte Frage: »Wohin treibt die Bundesrepublik?« im September 1966 geantwortet hat: »Mir schiene es ganz nützlich festzustellen, was sich bisher abgespielt hat und welche Tendenzen sich mit einiger Sicherheit erkennen lassen: eine Rückkehr zu einer Art von kleindeutschem Sprachnationalismus. Dazu die langsam um sich greifende Vorstellung, das Hochdeutsche wäre eine Sprache, die irgendwo tatsächlich gesprochen wird, sich irgendwo, vielleicht in Hannover oder anderswo, entwickelt und rein erhalten hat, aber, je weiter von dem Entstehungsort entfernt, desto scheußlicher verballhornt wird. – Kurz, die nach dem Krieg zunächst berechtigt scheinende Hoffnung, daß der Terror künstlicher Großräume auch im Sprachlichen gebrochen wäre und man nun das Regionale, die Grenzdialekte der diversen Burgunder liebevoll aufnehmen und wahre Orgien des Einfügens, Eingemeindens, des Bereicherns und Erweiterns feiern würde, hat sich nicht erfüllt. Auf die Frage: Was ist der schönste Patriotismus? war nicht die richtige Antwort: Der Lokalpatriotismus, zu hören; statt der Auffüllung der Schriftsprache – ein natürliches Gegengewicht zu dem Einströmen von Lehnwörtern – erfolgte deren Desinfektion, Sterilisation und Verarmung.«

Es geht übrigens nicht um die seit über hundert Jahren künstlich aufgebauten und aufgebauschten Gemeinsamkeiten Bayerns mit dem kleindeutschen Sprachgebiet, es geht um die genuinen Besonderheiten Bayerns, mit denen es den südlichen Staaten des deutschen Sprachraums nahesteht, besonders der Schweiz und Österreich. Über die Ablehnung der (auch stellvertretend für diese Staaten) von bayerischen Abgeordneten in Bonn verteidigten Handwerkernamen urteilte die Süddeutsche Zeitung unter anderem: »... dabei wollten die Süddeutschen beileibe nicht, daß die ihnen geläufigen Berufsbezeichnungen den Brüdern im Norden sozusagen aufgezwungen würden, wie ihnen dies selbst durch die Handwerksordnung mit norddeutschen Berufsnamen widerfahren war. Sie wollten lediglich erreichen, daß der *Pflasterer*, der *Kaminkehrer*, der *Spengler*, der *Schreiner*, der *Schäffler*, der *Polsterer*, der *Dekorateur*, der *Tapezierer*, der *Metzger* und der *Hafner* dort, wo sie unter diesem Namen daheim sind, bleiben sollen, was sie sind. Die Bayern in Bonn hielten mit ihrer Ansicht über den Grund dieser Aufnordung im Handwerksbereich nicht zurück. Schuld sei die norddeutsche Einstellung: ›Weg mit den süddeutschen Eigenheiten!‹«

In ihrem »Streiflicht«, von erfreulicher Offenheit, urteilte die Süddeutsche Zeitung am 5. Oktober 1967: »Muttersprache, Mutterlaut... wie wonnesam und traut auch immer – die Mütter werden dazulernen müssen. Freilich nur die süddeutschen. Sie werden sich ein Vokabelheft anlegen und repetieren: Schäffler heißt Böttcher, der Metzger ist ein Fleischer, für den Schreiner gilt nur Tischler, den Kamin kehrt der Schornsteinfeger, der Pflasterer ist ein Straßenbauer, der Spengler klempnert, der Hafner wird zum Keramiker – Polsterer, Dekorateur und Tapezierer – alles kann der Raumausstatter, der vielseitige. Und sie werden dann, wenn sie ihre Bonner Lektion beherrschen, zu ihren Kindern sagen können: ›Schau doch, wie schön die Böttcher den *Schäfflertanz* tanzen!‹ Nur mit diesem Vokabular ausgestattet wird es ihnen gelingen, ihre Kinder mit einer Sprache wonnesam vertraut zu machen, die schrift-, hoch- und amtsschimmeldeutsch korrekt ist, denn der (nord)Deutsche Bundestag hat soeben beschlossen, daß eine zwingende Notwendigkeit bestehe, obengenannte Handwerksnamen auf den norddeutschen Vordermann zu bringen. Augen rechts! Richt euch! – So werden wir also sein ein einheitlich Volk von Klempnern und Tischlern, in keiner Not uns trennen und Gefahr. Es schien, wenn wir der Befehlsausgabe glauben wollten, tatsächlich eine Gefahr zu bestehen, die nicht nur die Deutschen, sondern die ganze Europäische Wirtschaftsgemeinschaft in Verwirrung gestürzt hätte. Denn anscheinend läßt sich der französische menuisier oder der italienische falegname zwar mit einem Tischler, nicht aber mit einem Schreiner zusammenbringen. Wir werden's nicht erahnen, warum. – ... Nicht nur Philologen konstatieren seit geraumer Zeit eine Überflutung des Hochdeutschen durch norddeutsche Mundarten. Freilich, es geschah auch einmal andersherum, als die vom Süddeutschen ausgehende Lautverschiebung überhaupt eine deutsche Sprache schuf. – Nach dem Befehlsempfang folgt im allgemeinen das Kommando ›Rührt euch!‹ Also rührt euch.«

Es ist richtig, daß Norddeutschland einst von Bayern die hochdeutsche Sprache empfangen hat, richtig aber auch, daß die ober(hoch)deutsche Sprache mindestens seit 1871 (manche Beobachter meinen, schon seit 1848) Wort für Wort aus der Schriftsprache entfernt wird. Nimmt es wunder, daß die Bayern ihre eigene (bisher deutsche) Hochsprache, da sie aus der Rechtmäßigkeit verdrängt worden ist, als bayerische Hochsprache reklamieren?

Bernhard Ücker urteilte am 14. Oktober 1967 in einem Rundfunkkommentar über die Bastonade der Sprachzuchtmeister: »Wenn in vergangenen Zeiten auf den Getreidemärkten ein Scheffel Korn abgemessen wurde, dann strich zum Schluß der Händler oder auch der Marktaufseher mit einem glatten Scheit Holz darüber. Aus jenen Tagen haben wir bis heute die Redewendung behalten: Das Maß ist voll, ist gestrichen voll. – Nun ist die Bundesrepublik zwar kein Scheffel, doch dessenungeachtet versucht uns

Bonn immer wieder dieses egalisierende Holzscheit über die geduckten Köpfe zu ziehen, und man fragt sich, wann hier das Maß voll, gestrichen voll ist. Wobei natürlich das also ausgemessene Behältnis nur noch als Eintopf erscheinen kann, denn der Vergleich mit einem Scheffel scheidet schon deshalb aus, weil sich der Hersteller eines derartigen Gefäßes künftig nicht mehr Schäffler, sondern Böttcher zu nennen hat, amtlich und bundeseinheitlich.«

Zu gut scheint man in Bonn zu wissen, daß dieses Gesetz dazu angetan ist, wieder einen Teil bayerischer Eigenständigkeit auszulöschen. Der nächste Schritt mag schon das Verbot des bayerischen Staatswappens, die Entfernung der bayerischen Hoheitszeichen – ihre beschämende Verniedlichung ausgerechnet durch einen aus Bayern stammenden Bundesinnenminister hat man erlebt – und die Beseitigung der bayerischen Verfassung sein, eine konsequente Folge des Schandwortes, nach dem Bundesrecht Landesrecht breche – auch das Recht eines eineinhalbtausendjährigen europäischen Staates. So drückt Bernhard Ücker den traurigen Tatbestand aus: »Ja, man sollte darüber lachen, und das geschieht auch, doch leider am falschen Ort. Dort nämlich, wo man sich getrost heiteren Sinnes amüsieren kann über bayerische Bemühungen gegen die Verfremdung des eigenen Landes. Denn im Norden der Bundesrepublik sind solche Sorgen ja unbekannt. Man hat es nie kennengelernt, wie einem zumute ist, wenn ganze Rollkommandos zugereister Makler und Geschäftemacher die schönsten Gebiete der Heimat mit einer von weit außerhalb des Landes herangeholten Zweitwohnungswelle überschwemmen. Und wer den eigenen Klempner bundesobligatorisch verbrieft bekommt, der hat leicht spotten über andere, die um ihren Spengler kämpfen. Doch daran leidet ja der innerdeutsche Friede seit mehr als hundert Jahren, daß man um Deutschland betet und Preußen anbetet.«

Stier gegen Bulle

Ein Sprachkapitel als Briefwechsel mit dem Bayerischen Staatsministerium für Ernährung, Landwirtschaft und Forsten

Sehr geehrter Herr Staatsminister

Sicher ist Ihnen als geborenem Bayern das Wort »Bulle« ebensowenig geheuer wie mir. Bekanntlich handelt es sich dabei um ein niederdeutsches Wort (englisch: bull), das – weiß der Himmel warum – in Bayern so gut wie amtlich wurde, obwohl jedermann weiß, daß die schriftdeutsche Benennung des männlichen Rindes *Stier* ist. Unlängst schrieb ich an eine Münchner Zeitung:

> Es gibt keine Stiere mehr. Also kann jemand, der sich darüber ärgert, nur noch »brüllen wie ein Bulle«, falls er nicht gerade in Barcelona einen echt spanischen »Bullenkampf« erlebt oder seinen Wanderurlaub im Passeiertal in der Gegend der »Bullenalm« verbringt. Schlimmer dran ist freilich einer, der selbst einen »Bullennacken« hat oder gar in enger Beziehung zum »Sternbild des Bullen« steht, weil er nämlich ein »Bullengeborener« ist.

Ich glaube, daß die Widersinnigkeit des Wortes »Bulle« hinreichend bewiesen ist. Immer wieder muß ich von Schriftleitern auf dem Land hören, daß sie unsägliche Mühe darauf verwenden, jedesmal, wenn das Landwirtschaftsministerium oder eine ihm untergeordnete Stelle das Wort »Bulle« verlautbart, es in das Wort »Stier« umzukorrigieren, denn bei unseren Bauern sagt man Gott sei Dank noch »Stier«. Wir wollen ja keinen bayerischen Dialekt, sondern die korrekte Schriftsprache.

Sehr geehrter Herr Staatsminister, ich darf Sie daher, auch im Namen vieler bayerischer Bürger, bitten, »den Stier bei den Hörnern zu packen« und zu veranlassen, daß bei künftigen Verlautbarungen des Bayerischen Staatsministeriums für Ernährung, Landwirtschaft und Forsten nur noch das jedem deutsch Sprechenden geläufige und richtige Wort Stier verwendet wird.

gez. BEKH

Die Antwort des Ministeriums

Der Herr Staatsminister hat Ihren Brief vom 29. November 1964 zur Kenntnisnahme und Beantwortung der Unterabteilung Tierische Erzeugung zugeleitet. Es wird hierzu wie folgt Stellung genommen: Der »Stier« (nach Schmeller ein junges männliches Rind, gleichviel, ob verschnitten oder nicht) ist in weiten Kreisen des altbayerischen Sprachgebietes ohne Rücksicht auf sein Alter die Bezeichnung für das männliche Zuchtrind. Im nördlichen Oberbayern und angrenzenden Mittelfranken ist der »Stier« aber ein kastriertes männliches Rind, das bei uns im südlichen Altbayerischen als »Ochs« oder als »Molle« bezeichnet wird. Im nördlichen Oberbayern (Kösching) ist aber der »Ochs« oder der »Bummerl« das männliche Zuchttier und der Vater der »Stierkaiwi« und »Kuahkaiwi«. In einzelnen Teilen Mittelfrankens ist der »Stier« ein junger »Ochs«, der nach dem Zahnwechsel als »Mochel« bezeichnet wird. Das männliche Zuchtrind heißt in Teilen von Ober-, Mittel- und Unterfranken auch »Hummel« oder »Bulle« bzw. »Bullstier«. Der Ausdruck »Bulle« ist sowohl im deutschen Wörterbuch der Gebrüder Grimm wie im bayerischen Wörterbuch von Schmeller zu finden und kommt aller Voraussicht nach nicht von Preußen, wie Sie vermuten.
Interessant ist auch die bayerisch-schwäbische Ausdrucksweise. Dort entwickelt sich ein »Stierkalb« zum »Möllala«, um schließlich ein »Hag« oder ein »Hagel« bzw. ein »Hägel«, gebietsweise auch ein »Stier«, zu werden, der aber im württembergischen Schwaben als »Farr« oder »Farre« (aus dem Althochdeutschen far, gen. farres, plur. farri) bezeichnet wird.
Sie ersehen aus dieser sprachlich sicher hochinteressanten Verschiedenheit der Bezeichnung für ein männliches Zuchtrind, daß es in amtlichen Verlautbarungen unmöglich ist, örtlich begrenzte Bezeichnungen zu gebrauchen, zumal es selbst innerhalb unserer bayerischen Sprachgebiete eine Reihe von Nomenklaturen für das männliche Rind gibt. Das Wort »Bulle« hat als allgemein verständlicher Ausdruck seit Jahren in den amtlichen Verlautbarungen Eingang gefunden und wird im ganzen Bundesgebiet so vielfach gebraucht, daß es dem Bayerischen Staatsministerium für Ernährung, Landwirtschaft und Forsten unmöglich ist, aus dem »Bullen« einen »Stier« zu machen.

gez. RINDERLE

Antwort auf die Antwort

Ihre Ausführungen haben mich in Erstaunen versetzt:

Die Unterabteilung Tierische Erzeugung zitiert zwar vielerlei, läßt aber zwei entscheidende kleine Wörter bei dem bekannten Schmellernachweis weg. Schmeller schrieb nämlich ein mundartliches, kein hochdeutsches Wörterbuch, darum zählte er lediglich die Abweichungen vom Hochdeutschen auf. Das Zitat lautet vollständig: »Der Stier, wie hochdeutsch, oder vielmehr a) junges männliches Rind, b) erwachsenes männliches Rind...«, und nun folgen die vielen Abweichungen der Mundart. Ich will nicht unterstellen, daß diese Klitterung eines Zitats zum Beweis des Gegenteils absichtlich geschehen ist, dennoch erscheint sie mir bedenklich.

Bekanntlich war Jakob Grimm (der übrigens zeitlebens für eine Vorherrschaft Preußens im deutschen Raum eintrat) ebenso wie Duden und Siebs preußischer Staatsbürger. Daß bei ihm das Wort Bulle »zu finden ist«, darf vorausgesetzt werden. Sie schreiben, schon etwas vorsichtiger, »der Ausdruck Bulle kommt aller Voraussicht nach nicht von Preußen, wie Sie vermuten«. Sie können sicher sein, er kommt. Zwar nicht ausschließlich von Preußen, dennoch aber handelt es sich laut übereinstimmender Auskunft aller etymologischen Wörterbücher um eine Nomenklatur neu-niederdeutscher Prägung. Die Wurzel ist: bulle, die englische Entsprechung: bull hat ebenfalls eine sächsische Wurzel. Anders freilich verhält es sich mit der päpstlichen Bulle; sie wurzelt im lateinischen bulla und breitet sich über alle europäischen Sprachen aus (französisch: bulle, bulletin). Die vorwiegend niederdeutsche Bezeichnung für das männliche Rind benützt also ein bereits für einen anderen Begriff reserviertes Wort, was nicht gerade zum Vorteil seiner Bildsamkeit gereicht.

Der *Stier* dagegen heißt im Althochdeutschen *stior* und im Mittelhochdeutschen *stier*. Sie schreiben: Weil es Dutzende von verschiedenen, zudem örtlich begrenzten Bezeichnungen für das männliche Rind gebe, müsse zu einem überregionalen Ausdruck gegriffen werden. Genau zu demselben Schluß komme auch ich, wenn ich Ihnen sage, daß das überregionale deutsche Wort für das unverschnittene männliche Rind *Stier* ist. Gibt es Ihnen nicht zu denken, daß in sämtlichen hochdeutschen Wortverbindungen nur das Wort *Stier* verwendet wird? *Sternbild des Stiers, Tierkreis des Stiers, Stiernacken, Stierfisch, Stiergefecht* und *Stierkampf!* Daß Zeus die Gestalt eines *Stiers* annahm, um Europa nach Kreta zu entführen? Daß die Schöpfer unserer Sprache, die Dichter, nur das Wort *Stier* verwenden? Daß laut Brockhaus das männliche Rind *Stier* heißt (erst hinter dem Stier werden die anderen, örtlichen Bezeichnungen aufgezählt) und das verschnittene männliche Rind *Ochse*? Ganz einwandfrei, überregional und hochdeutsch. Der Brockhaus, den ich vor mir liegen habe, erschien übrigens noch in Leipzig. Wenn Sie unbefangen urteilen, müssen Sie einräumen, daß das Wort »Bulle« auf das niederdeutsche Sprachgebiet und seinen Einflußbereich begrenzt ist; in Österreich würde es niemand verstehen; in Bayern war es bis zur Zentralisierung Hitlers nicht anders, und auch heute noch wird es hierzuland eher als ein Fremd- denn ein eigenes Wort empfunden, während der Stier ein im ganzen deutschen Sprachraum verständlicher Ausdruck ist. Vor mir liegt eine Ausgabe der Hamburger »Bildzeitung«, die in einem einzigen Bericht nicht weniger als dreizehnmal das Wort Stier verwendet. Die Benennung »Bulle« kommt nicht vor. (Ob die »Bild«-Leser diesen Artikel verstanden haben?)

Daß wir kein bayerisches Sonderwort beanspruchen sollen, leuchtet mir ein, daß wir aber ein längst vorhandenes, schriftsprachliches und gemeinverbindliches deutsches Wort gegen eine regionale Bezeichnung, mag sie noch so »amtlich« sein, austauschen sollen, mutet mich absurd an.
Was heißt übrigens »amtlich«? Sie schreiben »wird im ganzen Bundesgebiet gebraucht«. Da, meine ich, liegt der Hase im Pfeffer! Hätten Sie nur das gesagt, wäre es präziser und genau das gewesen, was ich schon wußte. Ich hätte mir allerdings vorgestellt – darum schrieb ich Ihnen ja –, daß Sie der deutschen Sprache und der Einheit der deutschen Sprache zuliebe auf die Bonner Terminologie pfeifen würden, denn nicht alle deutschen Staaten – es gibt immerhin eine ganze Reihe deutscher Staaten, die nicht zur Bundesrepublik gehören – haben das deutsche Wort *Stier* so bereitwillig aus ihrem Sprachschatz gestrichen.

Es kann Ihnen nicht verborgen geblieben sein, wie unbescheiden gewisse Gleichschalter ihren Dialekt und manchmal sogar ihren Stadtslang anderen Deutschen als alleinseligmachende Ausdrucksweise aufzudrängen suchen: Ich denke dabei an »Sahne« und »Brötchen«, wiewohl Goethe und Luther, die alles andere als Bayern waren, die hochdeutschen Bezeichnungen »*Rahm*« und »*Semmel*« verwendeten. Bei dem schier behexten Blick Bay-

erns nach Norden wird freilich, das ist das wahrhaft Tragische, der Graben, der uns von unseren Brüdern, den Österreichern, trennt, immer tiefer.
Sie schreiben am Schluß Ihres Briefes lakonisch: »...es ist unmöglich, aus dem ›Bullen‹ einen ›Stier‹ zu machen.« Merkwürdig, daß es vor gar nicht vielen Jahren so leicht möglich war, aus dem »Stier« einen »Bullen« zu machen.

gez. BEKH

Noch eine Antwort des Ministeriums

Die Bezeichnung »Bulle« ist einheitlich in sämtlichen tierzuchtrechtlichen Vorschriften von Bund und Ländern verwendet. Es ist, wie Sie verstehen werden, nicht möglich, in Rechts- und Verwaltungsvorschriften Begriffe zu verwenden, die einer mehrdeutigen Auslegung zugänglich sind, wie dies bei der Bezeichnung »Stier« der Fall ist.
Durch den amtlichen Gebrauch klarer Bezeichnungen werden nach Auffassung des Bayerischen Staatsministeriums für Ernährung, Landwirtschaft und Forsten landsmannschaftliche Besonderheiten nicht nachteilig berührt.

gez. HOPFNER

Inzwischen hatte sich an der Spitze des bayerischen Landwirtschaftsministeriums ein Wechsel vollzogen. Auf seine nochmalige Vorstellung erhielt der Verfasser folgendes

Schreiben des Ministeriums

Die Bezeichnung Bulle für das männliche Zuchtrind ist sicherlich nicht bayerischen Ursprungs, es gibt aber auch in Bayern Gegenden, wo die Landbevölkerung schon vor der einheitlichen Verwendung dieser Bezeichnung zum »Stier« Bulle sagte und damit ein nichtkastriertes männliches Zuchtrind meinte. Die Bezeichnung »Stier« wird in der Schweiz und in Österreich wahrscheinlich eindeutig verstanden, nicht aber in ganz Bayern und vor allem nicht im gesamten Bundesgebiet. In Rechts- und Verwaltungsvorschriften müssen jedoch Begriffe verwendet werden, die zweifelsfrei und allgemein verstanden werden. Im übrigen wird auch im englischen Sprachgebrauch das Wort »bull« im gleichen Sinne verstanden. Unter »stier« versteht man im Englischen ein kastriertes männliches Rind (auf deutsch = Ochse). Da seit einigen Jahren häufige Kontakte mit Züchtern aus englischsprachigen Ländern bestehen und außerdem die englische Fachliteratur zu einer selbstverständlichen Lektüre nicht nur für Wissenschaftler gehört, ist es naheliegend, daß einheitliche Bezeichnungen aus rein praktischen Gründen bevorzugt werden. Wie Sie sehen, fordert die Integration in das deutsche und europäische Rechtssystem gerade auch im Sprachgebrauch eine gemeinsame einheitliche Nomenklatur...

gez. NICKL

Erwiderung

Ihre Beweisführung geht an der Sachlage vorbei, weil das Wort Stier kein Dialektwort, wie Sie anzunehmen scheinen, sondern ein schriftsprachliches Wort ist, und zwar *das* schriftsprachliche Wort für das unverschnittene männliche Rind schlechthin, ganz unabhängig davon, ob es in einer Mundart beheimatete Menschen gibt, die es nicht kennen. Es dürfte so wenige Deutschsprechende geben, denen das Wort *Stier* unbekannt ist, daß wir sie getrost den Analphabeten zurechnen können. Das Wort *Stier* ist nicht nur das deutsche, sondern auch das indogermanische Wort für das unverschnittene männliche Rind. Althochdeutsch: *(s)tior*, französisch: *(s)taureau*, italienisch: *toro*, spanisch: *toro* (Stierkämpfer: *torero*), portugiesisch: *torro*, griechisch: *tauros*, lateinisch: *taurus*, russisch: *telez*. Wir sehen, daß »*Stier*« in allen seinen Formen nicht nur das einzige gesamtdeutsche, sondern auch das einzige gesamteuropäische, ja sogar ein indogermanisches Weltwort ist. Daß sich die Bundesrepublik zu Bonn am Rhein für den nieder- und angelsächsischen Begriff »Bulle« entschieden hat, erlegt Ihnen nicht die Verpflichtung auf, in dieses Wort etwas Bayerisches oder gar etwas Europäisches hineinzugeheimnissen. Es ist nicht darin.

gez. BEKH

Topfen gegen Quark

Ein Briefwechsel

Man kann mit wenigen Worten nicht mehr und Treffenderes über den ganzen Quark und alles, was damit zusammenhängt (Maeterlinck etc.), sagen, als hier geschieht.

GUSTAV MAHLER, *Briefe*

An die Staatliche Molkerei Weihenstephan

Sehr geehrte Herren

In der Schweiz, in Liechtenstein, in Südtirol, in Österreich, im württembergischen Schwaben, in Baden und selbstverständlich in Bayern sind die Nomenklaturen Rahm und Topfen die einzig richtigen Bezeichnungen für die oben abgesetzte Fettschicht der Milch und für die geronnene Milch in molkenfreiem Zustand, gleich wie viel oder wie wenig »veredelt« sie ist. In der Schweiz, in Liechtenstein und vor allem in Österreich ist das auf allen Verpackungen, die derartige Produkte enthalten, zu lesen. Nur in Bayern, dem Mutterland Österreichs, sollen offensichtlich die auf den begrenzten niederdeutschen Sprachbereich eingeengten landsmannschaftlichen Ausdrücke »Quark« und »Sahne« verwendet werden. Das tut bei den von mir seit je geliebten und geschätzten »Weihenstephanern« besonders weh. Sollte man in der *bayerischen staatlichen* Molkerei so kleinmütig oder so unwissend sein, die Wörter Topfen und Rahm nicht für einwandfreies Hochdeutsch zu halten? Im Falle des Topfens handelt es sich sogar um ein über tausendjähriges Wort, das kein Mensch der Welt verbieten kann! Und solange sich nicht der *gesamte* deutsche Sprachraum anschließt, sollte man tunlichst die Finger von solchen »Vereinheitlichungen« und Sprachreglementierungen lassen. Oder glauben die Weihenstephaner etwa, die Bonner werden mit Panzern einmarschieren, wenn sie »Rahmtopfen« auf ihren Rahmtopfen schreiben?

gez. *BEKH*

An das Bayerische Staatsministerium für Ernährung, Landwirtschaft und Forsten

Sehr verehrter Herr Staatsminister

Vor einiger Zeit wendete ich mich mit einem Schreiben – dessen Kopie ich beifüge – an die Staatliche Molkerei Weihenstephan, ohne einer Antwort für würdig befunden zu werden. Abgesehen davon, daß ich dieses Verhalten nicht billigen kann, finde ich es um der Sache willen bedauerlich.
Da ich weiß, daß Sie, verehrter Herr Staatsminister, sich in vergleichbaren Fällen erfreulich unkonventionell und beherzt für die bayerische Sprache eingesetzt haben, bitte ich Sie, in Weihenstephan auf eine Änderung der Beschriftung »Sahnequark« hinzuwirken. Sie würden damit, wie ich meine, der Sache Bayerns auf einem scheinbar belanglosen, aber für die bayerische Selbstdarstellung wichtigen Teilgebiet einen unschätzbaren Dienst erweisen.

gez. *BEKH*

Die Antwort des Ministeriums

Vielen Dank für Ihr Schreiben, das ich gerne umgehend beantworte. Es tut mir leid, daß Sie von der Staatlichen Molkerei Weihenstephan noch keine Antwort erhielten. Dies ist sicher nicht darauf zurückzuführen, daß man Sie einer Beantwortung nicht »für würdig« befände. Wahrscheinlich wird man sich dort zur Zeit noch schwertun, Ihre Anregung bezüglich Rahm und Topfen, die ich für sehr vernünftig halte, zu übernehmen.
Mir und unserem Hause ist es nicht möglich, in dieser Frage der Molkerei unmittelbar eine Weisung zu erteilen, da sie uns nicht unterstellt ist. Die Staatliche Molkerei Weihenstephan gehört zum Bereich des dortigen Milchwirtschaftlichen Instituts und ist als Bestandteil der Technischen Universität München/Weihenstephan dem Kultusministerium unterstellt. Ich werde allerdings Abdruck dieses Schreibens Herrn Direktor Dr. Haisch zur Kenntnis geben.

gez. *DR. EISENMANN*

Stellungnahme der Staatlichen Molkerei Weihenstephan

Der Bayerische Staatsminister für Ernährung, Landwirtschaft und Forsten, Herr Dr. Eisenmann, hat mir freundlicherweise einen Abdruck seines Schreibens zur Kenntnis gegeben. Diesem Schreiben und Ihrem Brief entnehme ich, daß Sie an die Staatliche Molkerei Weihenstephan wegen der Beschriftung »Sahnequark« geschrieben haben.

Unser Unternehmen, als ein Versuchs-, Lehr- und Musterbetrieb des Freistaates Bayern, produziert seit etwa 20 Jahren Speisequark und verkauft dieses hochwertige Produkt nicht nur im bayerischen Raum. Speisequark ist nach der Käseverordnung eine Standardsorte, die sich in der Bundesrepublik Deutschland und im internationalen Handel als solche durchgesetzt hat.

Nach § 6, Abs. 1 der Käse-Verordnung darf Käse unter der Bezeichnung einer Standardsorte nur in den Verkehr gebracht werden, wenn er den Vorschriften, die in der Anlage 1 zur Käse-Verordnung genau fixiert sind, entspricht. Daraus ergibt sich, daß Käse nicht unabdingbar unter der Bezeichnung der Standardsorte Speisequark in den Verkehr gebracht werden muß, wenn er auch in vollem Umfange den Spalten 1 und 3–8 der Anlage 1 für Speisequark entspricht. Weihenstephaner Speisequark bräuchte deshalb nicht als Speisequark bezeichnet werden; er müßte allerdings dann nach § 8, Abs. 1, Nr. 1 als Frischkäse deklariert werden. Daneben könnte man eine Bezeichnung nach marktkonformen Gesichtspunkten wählen. Insoweit wäre die bayerische und österreichische Bezeichnung »Topfen« als Zusatzbezeichnung zulässig.

Die Sortenbezeichnung Speisequark verkörpert jedoch heute auch beim bayerischen Verbraucher einen Qualitätsbegriff, der, dieses muß aus bayerischer Sicht leider akzeptiert werden, sicher über dem Qualitätsbegriff »Topfen« steht. Deshalb kann auch eine Staatliche Molkerei nicht auf diese Art Handelsklassenbezeichnung, die auch lebensmittelrechtlich schutzfähig ist, verzichten. Ihren Vorschlag, unsere Beschriftung »Speisequark mit Sahne« in »Speisequark mit Rahm« zu ändern, wollen wir jedoch gerne bei der nächsten Änderung der Deklaration auf der Verpackung berücksichtigen.

Nach § 6, Abs. 2, Nr. 3 der Käse-Verordnung darf für Speisequark mit mindestens 40% Fett i. Tr. die Bezeichnung »Speisequark mit Sahne« oder »Speisequark mit Rahm« verwendet werden. Anderslautende Bezeichnun-

gen wie »Rahmspeisequark«, »Rahmquark«, »Rahmtopfen« und »Feinster Rahmquark« bzw. »Rahmtopfen« sind unzulässig. Ebenfalls nicht zulässig ist die Bezeichnung »Sahnequark«, die wir jedoch – im Gegensatz zu Ihrer Annahme – nicht verwendet haben und auch nicht verwenden.
Wir hoffen, daß wir mit unserer umgehenden Antwort und mit unserem Eingehen auf Ihren Änderungsvorschlag Ihre Meinung über uns korrigieren können. Wenn wir darüber hinaus noch der Sache Bayerns auf einem wichtigen Teilgebiet einen unschätzbaren Dienst erweisen können, würde dieses uns als Weihenstephaner besonders freuen.

gez. *DR. HAISCH*

Eine Anfrage

Erlauben Sie mir bitte, kurz auf Ihre Ausführungen einzugehen: Sie vermuten, daß die Sortenbezeichnung »Speisequark« beim bayerischen Verbraucher einen Qualitätsbegriff darstellt, der über dem Qualitätsbegriff »Speisetopfen« steht. Darauf möchte ich erwidern, daß es nach meiner Beobachtung eher umgekehrt ist: Nicht nur, daß mir und einem großen Bekanntenkreis der Topfen einfach besser mundet als der Quark, nein, der »Quark« ist geradezu ein »Qualitätsbegriff« für eine minderwertige Sache, was schon Goethe – bestimmt kein Bayer – in dem bekannten Faustzitat feststellte: »Und blieb er immer nur im Grase – in jedem Quark begräbt er seine Nase« (Quark – sprich Dreck).
Im übrigen dürfte man nicht – wie Sie es tun – die Bezeichnung »Speisequark« und »Topfen« einander gegenüberstellen, sondern nur »Quark und Topfen« oder »Speisequark und Speisetopfen«: Eine Bezeichnung, die jenseits des Inns (in Österreich) einen hohen Qualitätsbegriff darstellt. Ein Beweis, daß es nur auf die Gewöhnung ankommt! Wenn Sie mir den Imperativ nicht übelnehmen: Schreiben Sie »Speisetopfen mit Rahm« auf Ihre Verpackungen und Sie werden sehen, wie schnell der Verbraucher sich daran gewöhnt hat, daß es sich dabei um eine hohe Qualitätsstufe handelt!
Auch Ihrer Argumentation, daß sich die Bezeichnung »Speisequark« nicht nur in der Bundesrepublik Deutschland, sondern sogar im internationalen Handel durchgesetzt habe, kann ich nicht ganz folgen. Seit wann nimmt Österreich nicht mehr am internationalen Handel teil? Es würde mich dar-

über hinaus interessieren, warum in Österreich niemand daran dachte, den Topfen in Quark umzubenennen, obwohl doch der Quark Ihrer Ansicht nach um eine ganze Qualitätsstufe höhersteht. Bernhard Ücker freilich, den Sie als bayerische Kapazität vielleicht anerkennen, ist da anderer Ansicht. Dieser Tage schrieb er mir:

»Im Großen Duden, Ausgabe 1958, steht auf Seite 540 unter dem Stichwort Quark wörtlich folgendes geschrieben: Quark, poln. (Käsestoff; umgspr. für Wertloses). Das heißt also, daß die bayerischen Molkereibetriebe und sogar Staatsbetriebe ihr Qualitätsprodukt Topfen mit einem Namen versehen, der auch laut Duden die Bezeichnung für etwas Wertloses darstellt. Der bundeseinheitlich verwendete Quark setzt demnach ein wertvolles Erzeugnis der bayerischen Landwirtschaft schon auf dem Etikett herab – was übrigens auch in dem wohl bewußt häßlichen Klang des Wortes zum Ausdruck kommt...«

Über eines sollte es keinen Zweifel geben: Ein Speisenproduzent, der bestimmte Bezeichnungen auf seine Verpackungen druckt, nimmt Einfluß auf die Sprache seiner Zeit. Im Massenzeitalter wird die Sprache der Beschriftungen zur gültigen Sprache. Auch von daher gesehen ist es nicht zu verantworten, das Wort Topfen (verfeinert zu »Speisetopfen«), das eine 1300jährige – schriftsprachliche – Vergangenheit hat, zum Aussterben zu verurteilen.

Daß künftig der Zusatz »mit Rahm« auf Ihren Verpackungen erscheinen soll, muß dankbar begrüßt werden! Ich kann andererseits nicht verstehen, was sie bei einer Wiederverwendung der angestammten Bezeichnung »Speisetopfen« befürchten, da Sie ja selbst konzedierten, daß die bayerische Bezeichnung Topfen (oder Speisetopfen) als *Zusatzbezeichnung zulässig* ist.

Ich danke Ihnen für den in Gang gekommenen Dialog.

gez. *BEKH*

Erwiderung der Molkerei

Das Wort »Quark« stammt aus dem slawischen Zwarog; dieses wurde nach Kluge, F.: Etymologisches Wörterbuch der deutschen Sprache, entlehnt zu mittelhochdeutsch »Quarc« und heißt »käsig gewordene Milch«. Sicher ist es aber nicht Sinn unserer Diskussion und Ihres Nachtarrockens, in etymo-

logische Forschungen, so auch nach der Abstammung des Wortes Topfen, einzutreten.
Zulässig wäre, wie ich bereits in meinem Schreiben ausgeführt habe, zur Sortenbezeichnung Speisequark die Zusatzbezeichnung Topfen bzw. Speisetopfen.
Nochmals muß ich jedoch betonen, daß die Sortenbezeichnung heute beim durchschnittlichen bayerischen Verbraucher einen Qualitätsbegriff darstellt. Deshalb kann die Staatliche Molkerei Weihenstephan nicht auf diese Art Handelsklassenbezeichnung verzichten. Eine Zusatzbezeichnung wie Topfen ist wegen der Deklarationsvorschriften und der knappen zur Verfügung stehenden Verpackungsoberfläche nicht realisierbar...
Trotzdem hoffen wir, daß wir mit unserem Eingehen auf Ihren Änderungsvorschlag der Sache Bayerns einen Dienst erweisen konnten.

gez. *DR. HAISCH*

Dieser Briefwechsel hat offenbar in Weihenstephan als Zeitbombe gewirkt: Seit Sommer 1983 verkauft uns die Staatliche Molkerei »Königlich Bayerischen Topfen«! Das ist ja schier mehr als erhofft! Der Einsatz für die bayerische Sprache kann sich also lohnen.
Gratias ago, amici! *Der Autor*

Die Speisenkarte

Altbayern ist bedrohter als Franken und Schwaben

Die schwäbische Speisenkarte bildet eine Einheit eher mit der deutschschweizerischen, nämlich die Einheit des alemannischen Stammesbereiches, und die altbayerische Speisenkarte mit der österreichischen – die Einheit des bajuwarischen Stammesbereiches. Nirgendwo drückt sich die Eigenart eines Stammes auch heute noch so deutlich aus wie in der Bezeichnung seiner Speisen.
Wenn wir von Österreich sprechen, müssen wir im Hinblick auf die altbayerische Speisenkarte freilich das alemannische Vorarlberg und das große Gebilde Wien mit seinen vielen ungarischen, serbischen, kroatischen und böhmischen Gerichten und Bezeichnungen ausklammern, obwohl nicht verkannt sei, daß gerade die böhmischen Gerichte und Ausdrücke, die *Pafesen* (übrigens vom romanischen verbum pavesare – schirmen), die *Palatschinken* und *Golatschen* auch nach Niederbayern hereingewirkt haben.
Es soll gezeigt werden, daß – obwohl die drei bayerischen Stämme schon durch ihre oberdeutsche Verwandtschaft aufs engste zusammengehören und von einer geschichtskräftigen gemeinsamen Staatsgrenze umschlungen sind – die altbayerische Speisenkarte über die österreichische Staatsgrenze (ähnlich wie die schwäbische Speisenkarte über die schweizerische), die ja keine Stammesgrenze ist, hinüberreicht.
Zu einem Ratgeber soll dieses Kapitel über die bayerische Speisenkarte besonders für die Altbayern werden, denn gerade in Oberbayern, Niederbayern und der Oberpfalz ist ja die Überfremdung so weit fortgeschritten, daß von einer Gefährdung gesprochen werden muß.

Verwässerung und Vermantschung

Hier sei an Max Dingler erinnert, den Mundartdichter und Kenner der bayerischen Etymologie. Er soll im folgenden öfter zu Wort kommen. Im

Heft drei der volkstümlichen Veröffentlichungen des Heimatpflegers von Oberbayern schreibt er:
»Die Verwässerung, Vermantschung und Verhunzung unserer Sprache, die Sucht, andere deutsche Idiome geflissentlich nachzuahmen, weil man sie für feiner und vornehmer hält als das eigene, hat schon weit um sich gegriffen. Vor allem tritt sie im Zeichen des Fremdenverkehrs in Erscheinung, und ihr besonderes Tummelfeld ist die Speisenkarte (Menü-Karte) der Gastwirtschaften im weitesten Sinn.
Hier wird der Widersinn offenbar, einerseits mit Anpreisung der Vorzüge unseres Bayernlandes die Fremden (das sind vor allem die Angehörigen der anderen deutschen Stämme) anzulocken, andererseits aber einen dieser Vorzüge, die schöne und bildhafte heimatgebundene Sprache, zu verleugnen, wo es nur geht, und gedankenlos mit Ausdrücken zu durchsetzen, die uns wesensfremd sind.
Dabei übersieht man, daß gerade das Landesübliche immer und überall den Reisenden anzieht, wenn er Erholung und Entspannung sucht von dem, was ihn das ganze Jahr hindurch umgibt. Und das soll uns doch niemand weismachen, daß zum Beispiel ein Westfale, der seine Ferien in Bayern verbringen will, nicht weiß, was ein Knödel, ein Blaukraut oder eine Orange ist. Sollte er es wirklich nicht wissen, so lernt er es schnell und gern. Oft genug aber trifft man hierzulande Norddeutsche an, denen es besser schmeckt, wenn ihnen auf der Speisenkarte statt eines ›Kasseler Rippenspeers‹ ein *Gselchtes Ripperl*, statt ›Klößen‹ echte *bayerische Knödel*, statt der ›Brötchen‹ *resche Semmeln* geboten werden. Das sind gerade die Gäste, die wir besonders gern bei uns sehen; denn sie haben erfahrungsgemäß darüber hinaus auch Verständnis für die höheren Werte der Kultur, der Heimat und des Brauchtums.«

Bayerisch ist hier Hochdeutsch

Sprachlich nicht aufgeklärte Bayern – was man ihnen nicht verübeln kann, weil nicht jedermann das Zeug zu einem Etymologen hat – leiden bezüglich der eigenen Sprache an Minderwertigkeitsgefühlen und glauben unbesehen, alles, was »von droben« kommt, sei hochdeutsch, auch wenn es unverhüllte Mundart ist. So sei einmal unmißverständlich gesagt: In jedem dieser

Fälle ist der eigene Sprachgebrauch schriftsprachlich und der andere Dialekt. Die bayerische Speisenkarte, um die es hier geht, ist keine mundartliche, sondern eine schriftsprachliche. Der Grund, warum es manche Bezeichnungen nur in Bayern gibt, ist nicht der, daß sie Dialekt sind, sondern daß es die betreffenden Speisen nur in Bayern gibt.

Die Unterschiede zwischen oberdeutscher und niederdeutscher Sprache – es ist die Sprache gemeint und nicht die »Schreibe« – die durchaus den Unterschieden zwischen Holländisch und Schwyzerdütsch oder zwischen Dänisch und Tirolerisch entsprechen, sind wertfreie Tatsachen und nicht bedauerlich. Auch die Unterschiede innerhalb Bayerns, nicht nur innerhalb der bayerischen Sprache, sind keineswegs bedauerlich. Als bekannt vorauszusetzen sind ja die Unterschiede zwischen der fränkischen und der alpenländischen Bauweise, zwischen dem Salzburger Einhof und dem ostniederbayerischen Vierseithof, zwischen dem gebirglerischen Flachgiebel und dem unterländlerischen Steilgiebel, zwischen Fachwerk und Bundwerk, um nur einige herauszugreifen. Diese Unterschiede wuchsen aus Notwendigkeiten und Gegebenheiten des Klimas, des Bodens, der Landschaft.

Darüber hinaus wird wahr bleiben, daß das Leben in einer Welt, die keine Abstufungen, keine Verschiedenheiten aufweist, nicht mehr schön und lebenswert ist. So liegen auch die Unterschiede, die auf den verschiedenen Speisenkarten zutage treten, weniger in den Sprachen als in den Speisen selbst. Die *Spätzle* heißen in Schwaben Spätzle, weil die Spätzle ein schwäbisches – genauer gesagt, ein alemannisches – Gericht sind. Freilich ist das Wort Spätzle aus der alemannischen Mundart geboren. Aber was wäre gewonnen, wenn man diese Spätzle in das Sprachgewand einer Gegend zwänge, in der sie nicht zu Hause sind, also etwa sagte: klitzekleine weiche Mehl-Eierteigstückchen...? Was Spätzle sind, läßt sich nur durch das Wort Spätzle ausdrücken.

Auch auf der altbayerischen Speisenkarte gibt es Speisen, für die sich, wie zum Beispiel der *Strudel,* nur altbayerisch-österreichische Mundartausdrükke verwenden lassen, die aber schriftsprachlichen Charakter angenommen haben. Jedenfalls bietet das Allerweltswort »Rolle« keinen Ersatz. Auch darüber müssen wir uns im klaren sein, daß für sehr viele Wörter der Schriftsprache eine Gemeinsamkeit zwischen Nord und Süd gilt, nicht aber, oder nur in seltenen Fällen, für die Bezeichnungen der Speisen. Hier kann für einen bayerischen Ausdruck, wenn überhaupt, nicht ein Ersatz aus einer verbindenden, gemeinsamen Sprache, sondern nur das Wort einer fremden Mundart geboten werden. Die unvereinbaren Unterschiede gehen in die Tausende. Und eines muß nicht erst bewiesen werden: Wo es keinen gemeinsamen Ausdruck gibt, ist der eigene allemal der richtigere, nicht der fremde. Statt *Hollerküchl* wird man sich nicht einfallen lassen, »Fliederkuchen« zu sagen, schon weil man in Bayern unter Flieder etwas anderes versteht. Soll man den *Schmarrn* mit »Zerkleinerter Eierkuchen« übersetzen? Ist das richtige Wort für *Semmelschmarrn* – man verzeihe den naheliegenden Scherz – »Brötchenquatsch« und für *Kaiserschmarrn* »Kaiserquatsch« oder gar, weil wir keine Monarchie mehr haben, »Bundespräsidentenquatsch«? Und was ist mit den *Rohrnudeln* anzufangen? Oder mit den *Dampfnudeln?* Sagt man da richtiger: »So'n feuchtes aufgedunsenes Milchhefegebäck«? Bezeichnet man die *Brezel* – vom mittellateinischen bracellum: Vorbild sind die mönchisch verschränkten Arme – besser als »Schlinggebäck«? Gibt es überhaupt äquivalente Ausdrücke für *Paunkerl* (schwäbisch *Baunze*), *Bauchstecherl, Ausgezogene, Schuchsen* (die schuhartig aussehen und »Schuxen« gesprochen werden), für *Apfelküchl, Maultaschen, Wuchteln* und *Hasenöhrl*? Für Landshuter *Geschwind-Nudeln* und Augsburger *Schmalzzöpfle*? Statt *Keferloher* zu sagen: »Steinliterkrug ohne Deckel«, ist unsinnig. Genauso armselig ist es, für *Riemisches Weckerl* – nach dem Riemisch-Roggenmehl, dem der Sprachforscher Schmeller siebzig Zeilen widmet – zu sagen: »So'n Ding mit Kümmel druff«. In München-Schwabing kann man das von vielen Kunden in den Bäckereien hören.

Nein, solche Ausdrücke sind nichts anderes, als wenn einer knorke sagt, dufte, toll, nanu und nee; wenn einer Dresche oder Haue für *Schläge* sagt, doof für *blöd,* Trödler für *Tandler,* Flur für *den Korridor, die Diele, die Flötz, den Gang, den Söller.* In Bayern gibt es nämlich nur »die« Flur, und die vielberedete Flurbereinigung will keineswegs die Hausflötze reinigen. Oder wenn einer Spülstein sagt für *Ausguß*, »der Abwasch« für *das Abspülen,* Aufwartfrau für *Zugehfrau,* Früchtebrot für *Kletzenbrot,* Harke für *Rechen,* 'ran (wie Blücher) für *heran* oder *her,* Abendbrot für *das Nachtmahl, das Nachtessen* oder *das Abendessen.* Solche Sprachgesinnung müßte eigentlich auch statt vom *heiligen Abendmahl* – vom »heiligen Abendbrot« sprechen.

Eine traurige Bilanz

Nehmen wir nun ein paar der beliebtesten Sprachsünden, die unsere heutige bayerische Speisenkarte verunzieren, aufs Korn. Außer dem Gefühl für das Bodenständige lassen sie meistens auch jede Sprachlogik vermissen.

»Schon das Wort Speisenkarte selbst«, sagt Max Dingler, »finden wir allgemein ›Speisekarte‹ geschrieben, wozu, wenn auch nur scheinbar, die Analogie zu Wörtern wie Speisesaal, Lesezimmer, Bademantel berechtigt. Sprachlich richtig ist und bleibt aber allein die *Speisenkarte,* weil auf ihr (wie auf der Getränkekarte die Getränke) die zur Wahl stehenden Speisen und ihre Preise verzeichnet sind.«

Wenn wir Max Dingler modifizieren: Die richtige Mundartform *Speiskartn* (vom Begriff *Speis und Trank* her) kann wohl zur *Speiskarte,* nicht aber zur »Speis*e*karte« (analog der »Reinemachefrau«) werden.

»Und da geht's erst richtig los! Da wird das bayerische Sprachgefühl auf Schritt und Tritt beleidigt und vergewaltigt.

Überall lesen wir jetzt ›Rinderbraten‹, ›Schweinebraten‹, ›Schweinefleisch‹, ›Kälberfuß‹, obwohl der Bayer (und nicht nur der Bayer) genau weiß, daß der Braten nur von *einem* Rind, das Stück Fleisch nur von *einem* Schwein und der Fuß nur von *einem* Kalb stammt. Wir sollten also doch bei den guten alten Bezeichnungen *Rindsbraten, Schweinsbraten, Schweinfleisch* und *Kalbshaxe* bleiben. Man komme da nicht mit Gegenbeispielen wie ›Entenei‹ oder ›Frauenkirche‹! Ja, Bauer, das ist was anders: Da steckt noch die Beugeform des Mittelhochdeutschen drin, eine ehrfurchtgebietende Urkunde der Vergangenheit.« Die Kirche der Frauen (in München wie in Nürnberg), das Ei von der Enten, die Leber von der Enten, die Leber von der Anten (in der Mundart blieb die mittelhochdeutsche Beugeform erhalten. Niemandem würde es einfallen, zu sagen: »die Leber von der Ant oder Ante«, nein, »von der Anten«), die Leber von der Enten, daher *Entenleber.* Das hat nichts mit der Mehrzahl zu tun: diese Leber ist von einer einzigen Ente. Aber man kann nicht sagen: »Die Leber von der Gänse.« Das ist keine mittelhochdeutsche oder mundartliche Beugung, sondern einwandfrei die Mehrzahl und darum falsch: also *Gansleber.*

Der falsche Plural im Rinderbraten und Schweinebraten ist gedankenlose Nachäfferei. Ein doppelter Lapsus ist der »Schweinebauch mit Sauerkohl«.

 Hier treffen wir einerseits wieder auf den falschen Plural, andererseits auf

ein farbloses Wort. Der Bauch von Tieren heißt *Wamme,* auch *Wambe* oder *Wampe,* beim Menschen – erst in jüngerer Zeit allerdings – nur im verächtlichen Sinn. Denselben Ursprung hat der Wanst und das Wams. In der Metzgersprache ist *Wamme* (oder altbayerisch *Wammerl*) die einzig richtige Bezeichnung für das Bauchfleisch (des Schweins). Also heißt es: *Wammerl mit Sauerkraut.*
Man weiß auch nicht, was man mehr bedauern soll, den Mangel an Sprachkraft oder an Küchenkunst, wenn jemand allen Ernstes zum *Schweinsgrat* »Rücken« sagt. Ein Bayer vermeidet es.

Das arrivierte Krautwickerl

»Ein ähnlicher, aber schon schlimmerer Sprachschnitzer wie die ›Speisekarte‹ sind die ›Röstkartoffel‹«, meint Max Dingler. »Eine Röstpfanne, ein Röstherd dient zum Rösten – man hat aber noch nie gehört, daß Kartoffeln zum Rösten dienen. Nein, sie dienen dazu, selbst geröstet zu werden, und darum nennt der bayerische Sprachinstinkt das Ergebnis *Geröstete Kartoffeln* (oder auch kurz *Geröstete,* in Niederbayern *Gretzte*), und so ist's richtig. Dann gar die ›Pellkartoffeln‹, die hier ganz unmöglich sind, weil es im Bayerischen das Wort ›Pelle‹ nicht gibt. Wir sagen dafür *Ganze Kartoffel, Kartoffel in der Schale* oder scherzhaft: *in der Montur.* So hat es bei uns auch früher nur ›Gebratenes Hendl‹, ›Gebackenes Hirn‹ geheißen; nun, beim Brathendl müssen wir – ähnlich wie beim *Backhendl,* das geradezu zur gefestigten Qualitätsbezeichnung geworden ist – schon ein Auge zudrükken. Die ›Backpflaumen‹ dagegen, die nichts anderes sind als gedörrte Zwetschgen, lehnen wir entschieden ab!«
Die bayerischen *Krautwickerl* heißen auch nicht, wie man neuerdings lesen kann, »Kohlrouladen«, schon aus dem einen Grund nicht, weil es in diesem Land keinen »Kohl« gibt, nicht einmal geredeten. Das Gegenbeispiel »Kohlrabi« ist schlecht gewählt, denn dieses Wort geht auf die italienischen »cavoli rape« zurück.
»Paradebeispiele unwürdiger Nachäffung sind der ›Rotkohl‹ für das *Blaukraut* (sollten die Bayern, diese ausgesprochenen Augenmenschen, bisher farbenblind gewesen sein?), ›Klöße‹ für das unbestrittene bayerische Nationalgericht, die *Knödel,* und vor allem ›Sahne‹ und ›Quark‹ für *Rahm* und

Topfen. Der Gipfel der Geschmacklosigkeit ist erreicht, wenn auf der weiß-blau umrandeten Speisenkarte oder Molkereitafel der *Rahmtopfen* gar als ›Sahnequark‹ angeboten wird.«

Der gute Schlagrahm

»Sahne« ist die platt- oder niederdeutsche Benennung für den Milchrahm in flüssigem Zustand. In Südostbayern, laut Schmeller an der unteren Isar, wird er als »das Obers« (von der Milch) bezeichnet. Auf hochdeutsch heißt die oben abgesetzte Fettschicht der Milch, wie man in jedem Wörterbuch nachlesen kann, *Rahm.* Soll der geschlagene Zustand dieses Rahms bezeichnet werden, so kann man nicht mehr Rahm, sondern nur *Schlagrahm* sagen: *Prinzregententorte mit Schlagrahm.* Hat nicht überdies das Wort Schlagrahm etwas ausgesprochen Schlemmerisches?

Sprachliche Dinge sind nie Kleinigkeiten:
Wer mit der Sprache umgeht oder gar sprachliche Äußerungen in die Öffentlichkeit bringt, wirkt bewußt oder unbewußt sprachpflegerisch und trägt eine große Verantwortung. Im übrigen hat auch das Wort Topfen eine ehrwürdige (über das Mittelhochdeutsche hinausreichende) Vergangenheit und fehlt in keinem Wörterbuch. In ganz Süddeutschland mit Bayern, Österreich, Südtirol, der deutschsprachigen Schweiz und Liechtenstein wird die geronnene, molkenfreie Milch *Topfen* genannt. (Siehe auch das Kapitel *Topfen gegen Quark.*) In vielen Wortverbindungen als Kennzeichnung typischer altbayerisch-österreichischer Mehl- und Fastenspeisen ist es unerläßlich, *Topfen* zu sagen, so in: *Topfennudel, Topfenpaunkerl, Topfenküchl, Topfenstrizel* (der *Strizi* ist auch als Schimpfwort bekannt), *Topfenschmarrn* und *Topfenstrudel.* Im feinen, reichsstädtischen Regensburger Kochbuch, dessen Rezepte an Vornehmheit sogar die meisten wienerischen hinter sich lassen, gibt es keinen Ersatzausdruck für *Topfen.* In der Reichs- und Donaustadt Regensburg, die vielen Völkern in ihren Mauern Quartier gab, kennt man schlechterdings nur den *Topfen.*
Es liegt nun allerdings eine Bonner Bundesverordnung vom 2. Juni 1951 vor, nach der die Bezeichnung aller Milcherzeugnisse, auch innerhalb der bayerischen Grenzen, geregelt wird. Sie schreibt zwingend niederdeutsche,

meistens nur im ehemaligen preußischen Staatsgebiet gebräuchliche Regionalausdrücke vor. In den Verordnungen zur Ausführung des Milchgesetzes spricht demgemäß auch das Bayerische Landwirtschafts- und Ernährungsministerium nur noch von »Sahne« und »Quark« in allen Abwandlungen.
Eine schweizerische Süßwarenfabrik betreibt Zweigwerke in Österreich und in der Bundesrepublik. Das österreichische Werk schreibt auf seine Verpackungen »Erdbeeren mit Rahm«, das bundesrepublikanische, obwohl es auf bayerischem Boden liegt, »Erdbeeren mit Sahne«.
Felix Austria! Niemand nimmt dir deinen Rahm und deinen Topfen. Eine Unerheblichkeit ist das nicht; den kleineren Freiheiten entsprechen die größeren.

Semmel gegen Brötchen

»Daß die *Semmel* nicht ein Hausbrot in kleinerem Format, sondern als Weizengebäck wesensverschieden vom Roggenbrot ist, daran zweifelt niemand im Agrarvolk der Bayern. Trotzdem wird geflissentlich die farblose und unanschauliche Unterscheidung ›Brot‹ und ›Brötchen‹ übernommen (und damit zugleich wieder die im Bayerischen nicht gebräuchliche Verkleinerungssilbe -chen).« (Max Dingler)
Guten Gewissens kann man behaupten, daß es besagte »Brötchen« überhaupt nicht gibt. Es gibt nur Brot, das in der Form eines Laibs oder eines Weckens gebacken wird – und Semmeln, ein Weizenkleingebäck in vielerlei verschiedenen Formen. Über ein Dutzend mögen es sein. Man kann auch nicht unterscheiden: Mehl – Mehlchen oder Sand – Sändchen. Die Kennzeichnung als »Brot« sagt nämlich nichts über die Form dieses Gebäcks aus.
Das Wort »Semmel« heißt im Mittelhochdeutschen »Semel«, im Althochdeutschen »Semala«, im Lateinischen »Simila« und bedeutet dort »Weizenmehl«. (Im Französischen sagt man für Weizenkleie »Semoule«.) Die Wurzel liegt bereits in der beim Agrarvolk der Assyrer bekannten Bezeichnung des weißen Mehls als »samidu«. Im verwandten Aramäischen und Hebräischen wandelt sich der Begriff zu »samid«, im Griechischen zu »semidalis«. Ein weitgereistes Wort also.
Wo das Kulturvolk der Römer nicht heimisch gewesen ist – man muß es

erwähnen –, kannte man dieses Gebäck nicht, ganz zu schweigen von der Fülle seiner verschiedenen Formen, die Symbole der Fruchtbarkeit, nämlich für Phallus, Stier und Vagina, waren, die als Opfergaben beim römischen Erntedankfest dargebracht wurden, und deren verchristlichtes Beispiel wir in der mit dem Kreuz gezeichneten Semmel vor uns haben. Verständlicherweise kannte man dort auch keine Bezeichnung, geschweige verschiedene Bezeichnungen für das fremde Gebäck. Man kannte nur das Brot. Nun wußte man sich, als man vor einigen Jahrzehnten das neue Gebäck in seiner einschichtigsten Form kennenlernte (sprachlich keineswegs erfinderisch), nicht anders zu helfen, als an das Brot ein dürftiges »chen« hinzuhängen. Man halte sich immer vor Augen: Dieses Wort hat es vor 1920 in den führenden Wörterbüchern überhaupt nicht gegeben! Einen Notbehelf aus bitterer Armut der Küche, der Backstube und der Sprache – sollen ihn die Bayern übernehmen? Selbst der Engländer sagt nicht bred und bredie, sondern bred und roll, in der Erkenntnis, daß es sich um grundsätzlich verschiedene Dinge handelt. Sogar im Toussaint-Langenscheidt für Englisch, der 1951 in Berlin-Schöneberg erschien, heißt es: »Semmel – roll; wie warme Semmeln weggehen: go like hot cakes«. Hat man den Ausdruck: »Wie warme Brötchen weggehen« je gehört? Aber das fragwürdige Wort ist nicht nur falsch. Man stelle sich vor, Goethe hätte in seinem »Faust« oder in »Dichtung und Wahrheit« statt Semmeln »Brötchen« gesagt!

Ausgerechnet das Goethe-Institut allerdings, das den Namen dieses Dichters trägt, kennt seinen Goethe schlecht. In einer Münchner Bäckerei war es: Als da vor einiger Zeit ein Kunde sechs Semmeln verlangte (er meinte keine Eierweckerln und keine Maurerlaiberln, sondern Semmeln, weil das etwas anderes ist), unterbrach ihn ein fremdländisch aussehender Herr und radebrechte: »Du sagen falsch – es nicht heißen Semmel – es heißen Brötchen.« Auf die Frage, woher er dieses Deutsch beziehe, antwortete er: »Ich haben gelernt in Kalkutta in Goethe-Institut.« In diesem Zusammenhang wäre es aufschlußreich zu erfahren, ob beim Goethe-Institut das anschauliche Wort »semmelblond« noch zugelassen ist, oder ob auch hier der Zögling angehalten wird, folgerichtig zu dem »bereinigten« Ausdruck »brötchenblond« zu greifen...

Goethe sagte zu den zehn- und zwölfjährigen Prinzen von Gotha: »Nun, ihr Semmelköpfe, was macht ihr?«, eine Bemerkung, die ihm wenig Lob eintrug (Eckermann: Gespräche mit Goethe). Man stelle sich vor, Goethe hätte gesagt: »Na, ihr Brötchenköpfe, was macht ihr?« Nein, Goethe aus Frankfurt sagte mitten in Thüringen *Semmeln.* Und Eckermann aus Winsen (Hannover) schrieb *Semmeln.*

Luther sagt in seiner Bibelübersetzung des Propheten Ezechiel: »So warst du geziert mit eitel Gold und Silber und gekleidet mit eitel Leinwand, Seide und Gesticktem. Du aßest auch eitel Semmel, Honig und Öl und warst überaus schön und bekamst das Königreich.« Man stelle sich vor, Luther hätte dafür gesagt: »... Du aßest auch eitel – *Brötchen,* Honig und Öl ...«

Oder im zweiten Buch Moses lesen wir: »Und das Haus Israel hieß es Man. Und es war wie Koriandersamen und weiß und hatte einen Geschmack wie Semmel mit Honig.« So sagt Luther. Nicht aber sagt er: »... und hatte einen Geschmack wie *Brötchen* mit Honig.«

Wer jetzt immer noch sagt, das Wort Semmel sei bayerischer Dialekt, der behauptet nicht mehr und nicht weniger, als daß Martin Luther aus Thüringen bayerischen Dialekt gesprochen habe. Übrigens gebraucht der Reformator aus Wittenberg in seiner Bibelübersetzung auch nicht weniger als sechsmal das Wort *Semmelmehl.*

Es bleibt dabei: Die Semmel ist immer noch das einzige richtige deutsche Wort, niemand kann »die Sahne abschöpfen«, die Milch wird immer noch *entrahmt,* und ein Glück ist es wenigstens, daß es noch keine »Brötchenklöße« gibt!

Der Aschbecher, das Wannbad und anderer Unsinn

Wenden wir uns weiter der Speisenkarte zu: Selten mehr liest man, vor allem in Zuckerbäckereien und Kaffeehäusern, das Wort *Gefrorenes,* mit dem diese Erfrischungsspeise ebenso klar wie anheimelnd vom festen Aggregatzustand des Wassers unterschieden wird. Nein, für schöner wird die Verallgemeinerung »Eis« gehalten, die man dann – warum denn einfach, wenn's auch umständlich geht? – als »Speiseeis« (mit oder ohne »Sahne«) näher kennzeichnen muß. Der Italiener unterscheidet genau das Eis, das ghiaccio, vom Gefrorenen, das nicht Eis, sondern nur »eiskalt«, nämlich zum Essen bestimmt ist. Er nennt es gelato. Die Bayern aber beziehen aus dem Norden nicht nur Hamburger Tiefkühl-Eis, sondern auch die sprachliche Verarmung.

»Selbst das bayerische Festgebäck des Silvesters und des Faschings, der *Krapfen*«, meint Max Dingler, »erzwingt sich mehr und mehr die Benennung ›Pfannkuchen‹, obwohl das Wort Pfannenkuchen im ganzen bayerischen Sprachbereich bereits für ein (tatsächlich in der Pfanne zubereitetes) heimisches Stammgericht festgelegt ist, so daß man dieses wiederum, um kuriose Verwechslungen zu vermeiden, unter dem französischen Namen ›Omelette‹ empfehlen muß.«

Übrigens, im Wort *Pfannenkuchen* begegnen wir wieder der mittelhochdeutschen und auch mundartlichen Beugeform »Aus der Pfannen« – »aus der Pfanna« – »Pfannakuacha«, also richtig geschrieben »Pfan*nen*kuchen« und nicht, wie immer häufiger und fälschlich, »Pfannkuchen«. Man spricht ja auch nicht von »Pfanngerichten«, sondern von Pfann*en*gerichten.

Dasselbe trifft für den *Hefenteig* zu, der keineswegs »Hefeteig« heißt. Der Unsinn wird offenkundig, wenn man statt Taschenlampe »Taschelampe« oder statt dem Krippensand in der Weihnachtskrippe »Krippesand« zu sagen versucht. Kein Mensch wird »Aschbecher«, »Sonnstrahl«, »Tannbaum« oder »Wannbad« sagen, sondern Aschenbecher, Sonnenstrahl, Tannenbaum, Wannenbad. Also lautet die richtige Schreib- und Sprechweise: Pfannenkuchen und Hefenteig. Oder soll nicht nur das *Mannsbild* zum »Männerbild«, sondern auch das entsprechende *Frauenzimmer* zum »Frauzimmer« verballhornt werden?

Übrigens liegt in den Wörtern »Märzbecher« für *Märzenbecher* und »Ellbogen« für *Ellenbogen* dieselbe Verstümmelung der Beugungsendung vor wie im »Aschbecher«, »Pfannkuchen« und »Wannbad« (vergleiche »Wannsee«).

»Und weil wir grad bei der Pfanne sind: das dümmste aus der Sprachverstümmelung hervorgegangene Wort auf der neubayerischen Speisenkarte ist wohl das ›Fleischpflanzl‹, das mit Botanischem so wenig zu tun hat wie der Hering mit dem Alpenveilchen. Darum heißt es bei uns auch nicht Pflanzl, sondern Pfanzl, was wiederum auf die Zubereitung in der Pfanne hindeutet (vergleiche den alten bayerischen Familiennamen Pfanzelter!). Wer mag zum ersten Mal das ›Pflanzel‹ aufgebracht haben? Wohl einer, der das Wort Pfanzel (Frikadelle) nur falsch verstanden hat; aber prompt haben Hunderte und Tausende gedankenlos den Blödsinn als die feinere Form übernommen und auf ihre Speisenkarten gesetzt!« (Max Dingler) So kennt Johann Andreas Schmeller nur das Pfanzl in all seinen Zusammensetzungen, *das Fleisch-, Leber-, Nieren-, Nudel-, Eier- und Äpfelpfanzl,* führt allerdings nicht bloß über die Herkunft von der Pfanne (Pfännling, Pfänzlein) Nachweis, sondern läßt sich auch den Weg zur »Placenta, phanzelt« offen, was im Lateinischen soviel wie Kuchen bedeutet. (Ob also das l nicht doch von »Placenta« übriggeblieben ist?)

Die Orange ist nicht apfelsinenfarben

»Aus der ländlichen *Metzelsuppe* hat man in den Gaststätten – allerdings schon vor Jahrzehnten – die ›Schlachtschüssel‹ gemacht (die Schüssel wird aber weder – à la ›Röstkartoffel‹ – selbst geschlachtet, noch dient sie zum Schlachten) (ins Kapitel von den e-Endungen gehört die ›Schlachteplatte‹), aus der *Eierspeise* die ›Rühreier‹ (freilich nicht in Österreich; dort ließ man sich die ›Eierspeise‹ nicht nehmen), aus den nicht gerade anmutigen, aber gut beobachteten *Ochsenaugen* wurden die ›Spiegeleier‹, aus der *Brüh* oder *Soß* (Sauce) die ›Tunke‹ (ein für das anschauende bayerische Denken peinliches Wort), aus der *Orange* oder *Pomeranze,* in der sich die Nähe des deutschen Südens zum italienischen Herkunftsland ausdrückt, die ›Apfelsine‹.« Trotzdem wird kein Mensch zu finden sein, der statt *orangefarben* sagt »apfelsinenfarben« oder, wenn von Prokofjews Werk die Rede ist, nicht *Die Liebe zu den drei Orangen,* sondern: »Die Liebe zu den drei Apfelsinen«. Bei der »Apfelsine« handelt es sich um ein niederländisches (appelsina – chinesischer Apfel) und niederdeutsches Wort (die Südfrucht gelangte nach Norddeutschland über den Hafen von Amsterdam), das seinen Eingang in die bayerische Schriftsprache der deutschtümelnden Hitlerzeit verdankt. Noch in den späten vierziger Jahren hätte man in einem bayerischen Dorf umsonst gefragt, was eine »Apfelsine« sei. Neuerdings soll den Bayern dieses Wort – wie so manches andere – *aufgezwungen* werden. Trotzdem gibt es im Spektrum immer noch die Farbe *orange,* und selbst ein bekennender Preuße würde nie im Leben sagen: »Apfelsinat, Apfelsinade und Apfelsinerie ...«

Aus dem *Aufschnitt* wurde die »*Kalte Platte*«, wieder ein Muster fader, farbloser Unanschaulichkeit. Die Sprachseele scheint aus solchen Bezeichnungen gewichen zu sein.

Die *Eierspeise* (Eierschmalz) übrigens spielt eine gewisse Rolle in Franz von

Poccis Komödie »Das goldene Ei oder die Geburt des Kasperl«. (Seine ureigene Schöpfung, den Münchner Kasperl Larifari, ließ der königlich-bayerische Hofzeremonienmeister, als Prinzip des ungebrochenen Lebenswillens – höchst beziehungsreich – aus einem Ei, einem goldenen freilich, schlüpfen.)
Wie blaß ist auch der Ausdruck »Wollwürste« und wie anschaulich richtig das Wort von den *Geschwollenen* (die in Schwaben nicht anders heißen).
Bei den Gemüsen kommen wir zuerst auf die *Roten Rüben* oder *Rannen* zu sprechen. Neuerdings werden sie häufig »Rote Beete« genannt. Im Englischen heißen sie »red beet« (von beta), niederländisch »biet« oder auch »beetwortel«. Das plattdeutsche Wort »Beete« ähnelt stark dem Holländischen, in dem man für Rübe »beet« sagt. (Niederländisch heißt das Blaukraut übrigens »rode kool«.) Im Hochdeutschen dagegen bedeutet das Wort »Beete« etwas ganz anderes, nämlich regelmäßig abgeteilte und zur Pflanzung von Blumen oder Gemüse zubereitete Erde. Die große Überzahl der Deutschsprechenden versteht es überhaupt nicht anders. Was dem Plattdeutschen – zumal vom Niederrhein – seine »Beete«, sind allerdings dem Bayern seine *Rannen* (Regensburger Kochbuch!). Dieses Wort versteht im Norden auch niemand. Sucht man nach einer gemeinverbindlichen Bezeichnung, kann sie nur *Rote Rüben* heißen.
Die *Fisolen* (phaseoli) – ihrer Form halber nach den kleinen, schmalen venezianischen Rennschiffen genannt – sind aus dem bayerischen Alltag schon bald nach dem »Anschluß« des Jahres 1871 verschwunden. Derzeit sehen wir die Fisolen vom Einheitsnorddeutsch exportierender Büchsenhersteller sogar in Wien bedroht. Neudeutsche Kurzatmigkeit treibt kuriose Sprachblüten. So liest man immer häufiger statt Gebrochene Bohnen: »Brechbohnen«, ganz so, als ob diese Bohnen – siehe Schlachtschüssel, Rühreier, Röstkartoffeln und Backpflaumen – zum Brechen dienen würden.
Nicht nur im bajuwarischen Stammesgebiet, auch in Nordbayern ist der *Kren* immer noch geläufiger als der »Meerrettich«. Aus dem schönen Bamberger Land kommen die bunt gewandeten Kren-Weiber mit ihren Korbkraxen (Kürben) nach München. Die slawische Herkunft der schmackhaften Wurzel spricht aus ihrer Bezeichnung zu uns, die man auch im Russischen, Polnischen, Böhmischen und Slowenischen kennt (russisch: chren, böhmisch: křen, polnisch: chrzan, slowenisch: ren, litauisch: krenas, mittel-

hochdeutsch: krene). Die Aussprache bereitet dem Fremden keine geringen Schwierigkeiten, denn das »n« bleibt stumm, das heißt, es ist (wie hierzulande, aber auch in Frankreich häufig) ins »e« geschlüpft und macht es nasal. Die Bedeutung dehnt sich auf alles Sauere und Scharfe aus, auch im übertragenen Sinn. So sagt man in Wien noch heute: »I bi' kre' auf dees Maadl«, und wenn man in Altbayern »oam an Kre' unta d'Nasn reibt«, betrügt man ihn so, daß ihm die Tränen kommen.

»Zu den bayerischen Leibgerichten gehören die *Schwammerl,* die aber nicht so gut schmecken, wenn sie – sprachlich durchaus korrekt – als ›Pilze‹ auf der Karte stehen, und im besonderen, wenn aus unseren *Reherln* (Rehlingen) ›Pfifferlinge‹ werden. Wie reizend anschaulich spielt der süddeutsche Augenmensch mit ihrer Benennung auf das Rehwild im hellen Sommerpelz an! Du glaubst den Duft des Waldes zu spüren. Solche Köstlichkeiten gibt man preis! Wenn aber gar eine Münchner Metzgerei (nicht eine Berliner Fleischerei) in ihrem Ladenfenster ausschreibt: ›Heute Hackepeter‹ und, weil's grade Samstag ist, ihr Angebot auch noch mit ›Sonnabend‹ datiert, liegt die Frage nah: Was müssen wir uns noch alles bieten lassen?

Nie und nimmer ist dabei die Frage, was das ›Bessere‹, sondern einzig, was das Echte, Gewachsene, Bodenständige ist. Ja, das anschauliche Denken des Volkes kann sogar zu Widersinnigkeiten führen, die vollwertig in die Tradition hineinwachsen und dadurch Heimatrecht erlangen: Der *Leberkäs* hat nichts mit Leber, das *Kalbsvögerl* nichts mit einem Vogel zu tun, in einem *Palatschinken* steckt kein Gramm Schinken. So könnte uns auch aus dem Norden vorgehalten werden, daß unsere Speisenkarte reich ist an französischen (und italienischen) Wörtern, wie: *Bouillon, Kotelett, Filet, Bœuf à la mode, Karfiol, Brokkoli, Risotto, Makkaroni, Spaghetti,* daß die ›Apfelsine‹ deutscher sei als die *Orange,* die ›Tunke‹ deutscher als die *Soße,* das ›Viertel‹ deutscher als das *Quartl.* Aber die Begriffe sind nun einmal bei uns sprachgeschichtlich heimisch, also bodenständig geworden und damit gerechtfertigt. Jedermann weiß, wie wenig es bisher gelingen wollte, die *Serviette* durch das nicht gewachsene, sondern künstliche Wort ›Mundtuch‹ zu ersetzen.

Das Gewachsene aber, das Gewordene ist ausschlaggebend. Darum klingt uns *Bœuf à la mode* (in der Mundart: *Biflamott*), *Karbonade, Bouillon, Hasché* bayerischer als etwa Schmorbraten, Pökelzunge, Kraftbrühe oder Hackepeter.«

Soweit Max Dingler. Worauf es ankommt, will er uns sagen, das ist die Erhaltung der landschaftsgebundenen Ausdrucksweise. Denn der »kleindeutsche Sprachnationalismus«, den Janko von Musulin verurteilt, führt zur Sprachsynthetisierung.

Was ist zu tun?

Die Erfahrung lehrt allerdings, daß es zahlreichen gästebetreuenden Landsleuten – mögen sie sich auch noch so gute Bayern nennen – darauf durchaus nicht mehr ankommt. Sie werden solche Sorgen und Bedenken überhaupt nicht begreifen oder mit Spott und Hohn abtun. Bei vielen anderen jedoch würde allein der Hinweis, daß es sich hier um ein Stück Heimaterhaltung handelt, auf fruchtbaren Boden fallen. Unerläßlich ist freilich, daß man nicht nur beanstandet, sondern auch brauchbare Vorschläge macht, dem eingerissenen Übel abzuhelfen. Sind diese Vorschläge einleuchtend, müssen sie wenigstens zu einem gewissen Erfolg führen – und schon damit wäre viel erreicht. Das Beispiel würde weiterwirken, die Freude am Volkseigenen, Bodenständigen könnte angeregt und ein Teilbesitz der Volksseele vor dem Untergang bewahrt werden.

Denn auch das muß betont werden: Es sind keineswegs allein die Nichtbayern, die die Schuld am Eindringen nichtbayerischer Ausdrücke auf bayerischen Speisenkarten tragen, sondern vor allem die Einheimischen selbst! Der Wiener zum Beispiel ist stolz auf seinen »Schlagobers«, der Münchner Wirt dagegen schämt sich leider des *Schlagrahms*. Der Österreicher gedenkt keineswegs seine »Frittatensuppe« zu opfern, der Bayer gibt bedenkenlos seine *Panadelsuppe* auf.

Da es auf eine möglichst breite Wirkung ankommt, liegt die Frage nahe, was der einzelne tun kann. Und es sei geantwortet: Jeder kann etwas tun. Rede sich niemand darauf hinaus: Geschichte ist Geschichte, da kann man nichts dagegen machen, die muß man laufen lassen. Noch keine Veränderung der Welt ist von selber gekommen. Immer wurde sie von einzelnen bewirkt. Das Einflußnehmen auf den Gang der Geschichte gehört mit zur Geschichte. Ein kleines Beispiel sei erwähnt: Es ist durch einen einzigen Brief an eine Konservenfabrik in München erreicht worden, daß auf den Rote-Rüben-Gläsern nicht mehr das Wort »Rote Beete« als Kennzeichnung verwendet wird, sondern »Rote Rüben«, und ganz winzig, für die norddeutschen Importeure, darunter »Rote Beete«. Wem daher gewisse Angaben auf Speisekonserven nicht behagen, sollte der nicht zu Postkarte und Feder greifen? Eines steht fest: Wer nicht handelt, hat auch kein Recht zu klagen.

»Welche Kreise gilt es vor allem zu erfassen? Von den großstädtischen, international ausgerichteten Hotels, Restaurants und Fremdenpensionen ist nur teilweise Verständnis zu erwarten. Vor allem an die wirklich bayerischen Betriebe wollen wir uns wenden, also an das Gastgewerbe draußen auf dem Land, die Brauereien, Bierwirtschaften und Bierkeller in den kleinen Städten, die Dorf- und Bergwirtshäuser, Kaffeehäuser, Milchstuben und bewirtschafteten Almen, endlich auch an Lebensmitteleinzelhandel und Fremdenverkehrseinrichtungen.« (Max Dingler)

Und wie wendet man sich an sie? Mündliche Aufklärung kann nur dann, wenn sie nicht allzu aufdringlich als Belehrung empfunden wird, Erfolg haben. Daß dem Gast nicht erlassen werden kann, bei der Bestellung einer Speise immer die richtige Bezeichnung zu wählen und, falls die Kellnerin einen falschen Ausdruck in den Mund nimmt, scheinbar unabsichtlich, den richtigen zu wiederholen, versteht sich von selbst. Vielleicht ergibt sich auch Gelegenheit zu einem gemütlichen Diskurs mit dem Wirt, der sich meistens gern bei seiner Ehre packen läßt, wenn es gilt, die Selbstachtung im eigenen Volk zu heben. Wichtig ist es, im Gespräch immer wieder darauf hinzuweisen, daß die bayerischen Speisenausdrücke richtiges Deutsch und jene anderen Ausdrücke (die in der Meinung, sie seien feiner, eingehandelt wurden) gar nicht selten falsches Deutsch sind. Wenn aber so ein paar »kesse Jören«, die alles Bayerische »ulkich« finden, partout und lauthals »Brötchen« bestellen, weil sie nicht ahnen, daß die schöne runde Semmel hochdeutsch ist – wenn dann die Kellnerin nicht sofort untertänig und charakterschwach »Brötchen« nachstammelt, sondern sicher und deutlich antwortet: »Semmeln wolln Sie«, dann ist schon viel erreicht. Wenn aber der ländliche Gastwirt seine Kellnerin, die die tägliche Speisenkarte schreibt, zur Wiederverwendung der ihr vertrauten Ausdrucksweise anhält, dann ist eigentlich schon fast alles gewonnen.

Zusammenfassung

Am Schluß des Kapitels sei zusammengefaßt, welche Ausdrücke in Bayern für Speisen schriftlich oder mündlich verwendet und welche vermieden werden.

Es heißt:

nicht Rinderbraten, sondern *Rindsbraten,*

nicht Kälberbraten, sondern *Kalbsbraten,*

nicht Schweinebraten, sondern *Schweinsbraten* (wie *Schweinsleder*),

nicht Rinderfleisch, sondern *Rindfleisch,*

nicht Kälberfleisch, sondern *Kalbfleisch,*

nicht Schweinefleisch, sondern *Schweinfleisch* oder auch *Schweinernes,*

nicht Rinderfilet, sondern *Rindsfilet,*

nicht Rinderfett, sondern *Rindsfett* oder *Rindstalg,*

nicht Schweinebauch, sondern *Wammerl* oder *geräuchertes Wammerl,*

nicht Schweinerücken, auch nicht Schweinsrücken, sondern *Schweinsgrat,*

nicht Kälberrücken oder Kalbsrücken, sondern *Kalbsgrat,*

nicht Kälberfuß, sondern *Kalbsfuß* oder *Kalbshaxe,*

nicht Sahneschnitzel, sondern *Rahmschnitzel,*

nicht Rippchen oder Rippespeer, sondern *geräuchertes* oder *geselchtes Ripperl* (räuchern bedeutet *selchen,* Geräuchertes ist *Geselchtes*) oder *Ripple* (»sper«, also mager oder dürr, ist so ein Ripperl oder Ripple bestimmt nicht),

nicht pökeln (niederdeutsch pekeln, englisch pickle), sondern *suren* (von *Sur,* das ist die Salzbrühe),

nicht Eisbein, sondern *Schweinsknöcherl* (Fußerl, Pratzerl, Haxerl), auch, eine Güteklasse höher, *Schweinshaxn,* oder, wenn sie gesurt ist, *Surhaxn,* auch *Surhaxe* (das »Eisbein«, das in keinerlei Beziehung zum Eis steht, ist nichts anderes als eine Verballhornung des dänisch-niederdeutschen Ausdrucks »isben« – holländisch: »ischbeen« – für Hüftknochen. Um abermals kein Mißverständnis bei solchen aufkommen zu lassen, die andere mit ihrer Elle messen, sei betont, daß niemand daran denkt, das »Eisbein« dort abschaffen zu wollen, wo es daheim ist. Einzig darauf wird Wert gelegt, daß es im eigenen Land bei der Surhaxe bleibt),

nicht Pökelzunge, sondern *gesurte Zunge* oder *Zunge,*
nicht Räucherzunge, sondern *geräucherte Zunge* oder *Zunge* oder *Züngerl,*
nicht Lunge, sondern *Lungl* oder *Lüngerl,*
nicht Hirschrücken, sondern *Hirschziemer,*
nicht Rehrücken, sondern *Rehziemer,*
nicht Hasenrücken, sondern *Hasenziemer* (was beim Schwein, Kalb und Hammel der *Grat,* ist beim Hirsch, Reh und Hasen der *Ziemer*),
nicht Hirschkeule, sondern *Hirschschlegel,*
nicht Rehkeule, sondern *Rehschlegel,*
nicht Gänseleber, sondern *Gansleber,*
nicht Gänsefett, sondern *Gansfett,*
nicht Gänseklein, sondern *Gansjung,*
nicht Hasenpfeffer, sondern *Hasenjung,*
nicht Hühnchen, sondern *Hendl,*
nicht Brathuhn und Backhuhn, sondern *Brathendl* und *Backhendl,*
nicht Kalte Platte, sondern *Aufschnitt,*
nicht Gekröse, sondern *Kuttelfleck,*
nicht Kaldaunen, sondern *Kutteln,*
nicht Würstchen, sondern *Würstel* (*Dünngeselchte* oder *Dicke*), aber *Weißwürste* (nicht -würstel), die es nur stück-, nicht paarweise gibt,
nicht Kraftbrühe, sondern *Fleischbrühe* oder *Bouillon,*
nicht Brägen, sondern *Hirn,*
nicht Sülze, sondern *Sulz* (berühmt ist die *Knöcherlsulz;* auch die *Bratensulz* ist nicht zu verachten),
nicht Schwartenmagen, sondern *Preßsack* (der weiße heißt *Sulzpreßsack*),
nicht Tunke, sondern *Soße* oder *Brüh* (die Kellnerin ruft: »Vorsicht, Soß!«)
nicht Kohlroulade, sondern *Krautwickerl,*
nicht Pute oder Puter, sondern *Truthahn* oder *Truthuhn* (altbayerisch: Bipgockel oder Biphenn) (die »dumme Pute« ist eine »dumme Gans«),
nicht Fleischkäse, sondern *Leberkäs* (nicht einmal der »Leberkas« ist »geschert«, weil »Kas« die Stammsilbe des vornehmen lateinischen Wortes caseus ist). (In den frühen siebziger Jahren sollen eifrige Beamte bayerische Metzgereien heimgesucht und unter Berufung auf das Bonner Lebensmittelgesetz die jahrhundertealte Bezeichnung *Leberkäs* (mittelalterlich: Labkas) beanstandet haben. Der bayerische und speziell münchnerische *Leberkäs* hat aber nicht das Geringste mit

dem »Stuttgarter Fleischkäse« zu tun; schon aus diesem Grund ist die Bezeichnung *Leberkäs* eine Gütemarke),

nicht Fleischwurst, sondern *Leoni* (eingebürgert von »Lyoner«),

nicht Wollwürste, sondern *Geschwollene,*

statt Wurstsalat wird auch die heimische Bezeichnung *Essigwurst* verwendet, statt Blutwurst auch *Blunsen oder Blunzen.*

Soweit die Fleischgerichte. Nun zu den Gemüsearten:

nicht Kohl, sondern *Kraut,* statt Blumenkohl ist besser zu sagen: *Karfiol,* und statt Rosenkohl: *Brockerl* (fälschlicherweise abgeleitet von Brokkoli), statt Chinakohl: *Chinakraut,* statt Welschkohl *Wirsing* (lateinisch virichio),

nicht Weißkohl, sondern *Weißkraut* (es gibt auch den *Krautsalat*),

nicht Kohlkopf, sondern *Krautkopf,*

nicht Sauerkohl, sondern *Sauerkraut,*

nicht Rotkohl und nicht Rotkraut, sondern *Blaukraut,*

nicht Rote Beete, sondern *Rote Rüben,* oder noch besser: *Rannen,*

nicht Möhren oder Mohrrüben, sondern *Gelbe Rüben,*

nicht Pellkartoffeln, sondern *Kartoffeln in der Schale* oder *Schalenkartoffeln,*

nicht Röstkartoffeln, sondern *Geröstete Kartoffeln* oder nur: *Geröstete;* statt Kartoffeln ist auch möglich zu sagen: *Erdäpfel,* und statt Kartoffelsalat: *Erdäpfelsalat.* Der zweifellos treffendere *Erdapfel* (französisch pomme de terre) ist weithin immer noch gebräuchlicher als der fälschlich vom italienischen tartufo (Trüffel) abgeleitete Kartoffel, der zu allem Überfluß weibliches Geschlecht annahm. (Von einer bundesdeutschen illustrierten Zeitschrift wurde man aufgeklärt: »Der Franzose nennt seine Kartoffel liebevoll Erdapfel.« Nicht exotisch ist das für einen Bayern, sondern selbstverständlich.) Einem Vergleich mit der Trüffel hält er freilich bei allem Wohlwollen nicht stand, so daß dem altbayerischen Bauern, der es lieber mit Teig-, Semmel- und anderen Knödeln hält, vielleicht der respektlose Spruch nachgesehen werden kann: »D'Erdäpfe hàn am bessern durch d'Sau triebn!«

nicht Pilze, sondern *Schwammerl,*

nicht Pfifferlinge, sondern *Rehlinge* oder *Reherl* (nach dem Dafürhalten mancher Sprachforscher vom krummen »Reh-Öhrl« hergeleitet, nach

anderen vom Gattungsnamen Cantha*rellus*), auch »Reh-Geißen« genannt,
nicht Lauch, sondern *Porri* oder *Porree* (lateinisch porrum),
nicht Meerrettich, sondern *Kren*. Als Zuspeise bekannt ist der *Semmelkren,* den kein Mensch der Welt »Brötchenmeerrettich« nennen würde,
nicht Sahnemeerrettich, sondern *Rahmkren,*
nicht Sahnemeerrettichtunke, sondern *Rahmkrensoße*.

Bei den Mehlspeisen – ein Gebiet, das der Verfremdung und Annäherung an eine fremde Mundart besonders ausgesetzt ist – sagen und schreiben die Bayern:
nicht Bretze, sondern *Brezel* (die Salzbrezel hält übrigens keinen Vergleich mit der Altmünchner Laugenbrezel aus),
nicht Brötchen, sondern *Semmel*. Unter diesen Begriff fallen auch: die *Salzsemmel,* die *Mohnsemmel* und die *Kaisersemmel*. Als weitere Kleingebäcke seien erwähnt: *Eierweckerl, Römisch* (auch *Riemisch*) *Weckerl* (in Augsburg als Römerle bekannt), *Maurerlaiberl* oder *Schusterlaiberl, Fitzerl, Rasperl, Salzstangerl, Hörndl, Kässtangerl, Mohnzöpferl* (das Mohnzöpflein ist die Nachbildung eines weiblichen Attributs, das zur Zeit der keltischen Witwenverbrennung ins Grab mitgegeben wurde. Später war es Bestandteil des Leichenschmauses), *Mohnstangerl, Kissinger Hörndl, Roggenes Weckerl, Kipfl, Pfenningmuckl, Salzspitzl, Bierzöpferl, Fastenbrezel* und das nicht mehr gebackene *Spitzweckerl,* das dem Maler Spitzweg zu seiner Signierungs-Chiffer verhalf. Unbekannt sind Ausdrücke wie Stulle oder Schrippe. Der Gegensatz heißt nicht Brot und Brötchen, sondern *Hausbrot* und *Semmel,*
nicht Graubrot, sondern *Hausbrot* oder *Schwarzbrot* (im Gegensatz zum Weißbrot),
nicht Schnitte, sondern *Scheibe* (das ist ein eigenes Wort, während »Schnitte« das Eingeständnis sprachlicher Ausdrucksarmut ist),
nicht »Brötchenkrümel«, sondern *Semmelbrösel* (sie werden zur Panierung [*die Panier*], wörtlich: »Verbrotung«, und auch als Ingrediens der wohlschmeckenden *Bröselnudeln* verwendet); das »Reibebrot« geht gründlich gegen das bayerische Sprachgefühl,
nicht Rollgerste, sondern *Graupen* (wie Hagel),

nicht Pfannkuchen, sondern *Krapfen* (althochdeutsch: crapho. Schmeller erwähnt den *Büchsenkrapfen, Spritzkrapfen, Butterkrapfen, Germkrapfen, Straubenkrapfen* und *Fasnachtskrapfen*),

nicht Eierkuchen, sondern *Pfannenkuchen* (oder *Omelette*),

nicht Rolle oder Teigrolle, sondern *Strudel* (zum ersten Mal 1691 in einem Nürnberger Kochbuch schriftlich erwähnt): *Apfelstrudel, Topfenstrudel, Mohnstrudel, Nußstrudel, Kirschenstrudel,*

nicht Kloß oder Klöß oder Klöße, sondern *Knödel,* und zwar *Kartoffelknödel* oder *Erdäpfelknödel* (wie sie auch in ihrem Herkunftsland, der Oberpfalz, heißen), *Semmelknödel, Leberknödel, Zwetschgenknödel, Speckknödel, Teigknödel, Grießknödel* (nach Spitzweg eine Altmünchner Spezialität), *Marillenknödel, Topfenknödel.* In Österreich gibt es übrigens auch die *Germknödel,* die den Dampfnudeln ähneln, denn *Germ* ist das in ganz Altbayern gebräuchliche Wort für Hefe. (»Um a Fünferl an Germ.«) Bloß im ehedem niederbayerischen Innviertel heißen sie auch *Dampfnudeln.* Wenn Norbert Hanrieder in seinem gewaltigen Mundart-Epos vom »Oberösterreichischen Bauernkrieg« gegen die Bayern vom Leder zieht und ihnen vorwirft, sie seien »kaum einen Pfifferling besser als ihre Dampfnudeln«, meint er vor allem die Katholiken Kurfürst Maximilians, deren Tapferkeit es die Habsburger zu verdanken hatten, daß sie im Besitz ihrer Erblande und der römischen Kaiserkrone blieben. Gewiß, ganz Oberösterreich befand sich seitdem als kaiserliches Pfand für die Kriegskosten in bayerischer Hand. Maximilians Streiter aber, mit allen anderen Katholiken des Reichs, auch den österreichischen, in der »Liga« vereinigt, waren ja gegen die widerborstigen Anhänger der lutherischen Lehre im »Landl« und im »Mühlviertel« angetreten. Auch die sonst noch vielfach genährten Mißverständnisse, die vor allem auf die zur Zeit des Spanischen Erbfolgekrieges in Bayern wüst hausenden Panduren zurückgehen, kommen hier nicht in Betracht, denn der geistliche Dichter wollte nicht die heutigen Bayern mit seinen spitzigen Worten treffen, allenfalls die Österreicher selbst. Die Innviertler – als Kurfürst Maximilians kampfesmutige Kirchenkinder im Einvernehmen mit dem römischen Kaiser gegen die Anhänger Friedrichs von der Pfalz ins Feld geschickt – sind ja heute selbst Österreicher, und die Grenze, die sie am Hausruck einst überschritten (die Wirtin von

Waizenkirchen zeigte dem Verfasser eine uralte Photographie mit dem bayerischen Schlagbaum), ist nicht die bayerisch-österreichische Grenze mehr, allerdings immer noch die »Dampfnudel-Grenze«. Eingeräumt sei, daß die Erdäpfelknödel im nördlichen Oberfranken anfangen, sich in Klöß (Glees) (wahrscheinlich vom griechischen glutos – die Rundung) zu verwandeln. Für die »kochtn Klöß« hat sich in Bayreuth, wo man im Scherz meint: »Klar wie Gleesbrüh«, der Ausdruck »Kniadla« durchgesetzt. Übrigens werden südlich davon Knödel jeglicher Art, auch wenn sie eingeführt sind, Knödel genannt, sowohl die rohen, als die halb und halb, als die aus gekochten Erdäpfeln zubereiteten. Der »Serviettenknödel« wird auch in ganz Österreich so geheißen. Der »Münchner Knödel« ist ursprünglich kein Kartoffelknödel, sondern ein Semmelknödel. Die Erdäpfelknödel kamen gegen Ende des 19. Jahrhunderts in die Hauptstadt.

In Bayern heißt es ferner:

nicht Klößchen, sondern *Nockerl.* Der Nock, das Nockerl (das Salzburger gelangte zu Ruhm), vom italienischen gnocco (sprich »Nocko«), ist ein mit dem Löffel gestochener Knödel meist kleinerer, feinerer und gelegentlich auch weniger kerniger Art, woher sich vielleicht die sprichwörtliche »fade Nocken« schreibt, wie man ein langweiliges Weibsbild in Bayern wenig schön benennt,

nicht Grießklößchensuppe, sondern *Grießnockerlsuppe,*

nicht Pfannkuchensuppe, sondern *Pfannenkuchensuppe* oder auch *Frittatensuppe* (von »friggere«: in der Pfanne backen), die Schmeller in seinem Bayerischen Wörterbuch aufführt,

nicht Hefekuchen, sondern *Hefenkuchen* (der »Hepfa« heißt althochdeutsch hepfan; in allen einschlägigen Wörterbüchern sind nur die Bezeichnungen *Hefenbrot, Hefenkuchen* und *Hefenteig* zu finden. Sogar der Duden, dem alles andere als Aufgeschlossenheit für bayerische Spracheigentümlichkeiten nachgesagt werden kann, läßt die Bezeichnung *Hefenteig* zu),

nicht Schillerlocken, sondern *Schaumrollen* oder *Ochsengurgeln,*

nicht Krümelkuchen, sondern *Streuselkuchen* (mit einem Gestreusel),

nicht Napfkuchen, sondern *Guglhupf* (vergleiche Gugl = Kapuze, Wölbung, lateinisch cucullus), nicht Mürbeteig, sondern *Mürbteig* (die Vorliebe für e-Endungen, etwa in »Reinemachefrau«, bescherte uns auch den Hefe- und den Mürbeteig),

nicht Früchtebrot, sondern *Kletzenbrot* (nach der vorherrschenden Zutat, den getrockneten Birnen, den schriftsprachlichen *Kletzen,* regional auch *Hutzeln,* von ihrer verhutzelten Oberfläche, genannt),

statt Mohrenköpfe ist auch die Bezeichnung *Wiener Krapfen* bekannt. Darin drückt sich die Herkunft aus. In Wien selbst heißen sie Indianerkrapfen. Sonderbar berührt einen Bayern der Ausdruck »Schlotfeger«; eher ist ihm ein Kaminkehrer (oder ein Rauchfangkehrer) geläufig. (Man singt allerdings in der nördlichen Oberpfalz den als Bairischer bezeichneten Zwiefachen »Schloutfeger, Schloutfeger, feg ma mein Schlout«.)

Das Wort »Brei« ist im Bayerischen, zumal für eine Speise, unbekannt. Man sagt – je nachdem – *Koch, Mus* oder *Püree.*

Wir kommen zu den Nachspeisen, wo die Verfremdung erstaunliche Formen annimmt:

nicht Sahne, sondern *Rahm,*

nicht Saure Sahne, sondern *Saurer Rahm,*

nicht Quark, sondern *Topfen,*

nicht Speisequark, sondern *Topfen,*

nicht Sahnequark, sondern *Rahmtopfen,*

In bayerischen Zeitungen erschien ein großer Werbespruch: »Kartoffeln mit sahnigem Speisequark«. Genauso richtig, aber bayerisch wäre gewesen: »Erdäpfel mit rahmigem Topfen«,

nicht Schlagsahne oder – neuerdings bloß noch – Sahne, sondern *Schlagrahm,* also nicht Sahne und Sahne und Sahne (wobei man eines Dolmetschers bedürfte, um herauszufinden, was jeweils gemeint ist), sondern *Rahm, saurer Rahm, süßer Rahm, Schlagrahm,*

nicht Sahnetorten, sondern *Rahmtorten,*

nicht Sahnebaisers, sondern *Schlagrahmbaisers,*

nicht Sahnecreme, sondern *Rahmcreme,*

nicht Käsesahne, sondern *Käserahm* oder *Käsecreme.* Faustregel: flüssiger Rahm ist gleich Rahm, geschlagener Rahm ist gleich Schlagrahm,

 nicht Sahnebonbon, sondern *Karamelbonbon,* weil es zwar mit Rahmzu-

satz, aber nie ohne gesottenen Zucker (Caramel) bereitet wird,
nicht Quarktörtchen, sondern *Topfengolatschen* (vom slawischen golen; verwandt ist das Kleidungsstück Goller),
nicht Dickmilch, sondern *gestockte Milch* oder *gestöckelte Milch* oder *Gestöckelte* (örtlich gebräuchlich ist auch: *Rührl*),
nicht Spiegeleier, sondern *Ochsenaugen,*
nicht Rühreier, sondern *Eierspeise.*

Für das Gabelfrühstück oder Zweite Frühstück, die volkstümlichere *Brotzeit,* hatte der Bayer noch vor wenigen Jahren mehrere meistens regional verwendete Bezeichnungen: *Neunbrot* (zur Unterscheidung vom nachmittäglichen *Dreibrot*), *Unterer* und *Jause.* (König Max I. ging gern zu den Tegernseer Bauern – wie er selber sagte – »zum Jausen«.)

Zuletzt noch das Obst:
nicht Pflaumen, sondern (wenn es sich um die länglichen, im späten September reifenden blauen Steinfrüchte handelt) *Zwetschgen,*
nicht Backpflaumen, sondern *gedörrte Zwetschgen,*
nicht Pflaumenkuchen, sondern *Zwetschgenkuchen* oder *Zwetschgendatschi* (mit gewalktem Hefenteig als Boden); er ist den als »Datschiburger« belächelten Augsburgern zu danken und im Norden so gut wie unbekannt. Könnte man sich darum so behelfen: Platter Hefepflaumenkuchen? Das klänge mehr als gespreizt, nämlich läppisch. Ein »Pflaumenwasser« ist ohnehin unbekannt; man sagt für *Zwetschgengeist* auch *Zwetschgenwasser,*
nicht Holunder, sondern *Holler,*
nicht Süßkirsche, sondern *Kirsche,*
nicht Sauerkirsche, sondern *Weichsel* (italienisch: visciola, slawisch: wischnja). Auch die Amarellen sind Weichseln! Ein Leckerbissen ist der fränkische *Weichselkuchen,*
nicht Apfelsine, sondern *Orange,*
nicht Kaltschale, sondern *Kompott.*

Weiter verwendet werden in Bayern Ausdrücke wie:
Spitz und Bug (als Fleischbezeichnung), das *Bickelsteiner (Pichelsteiner),* das *Biflamott,* das *Kalbsschäuferl,* das *Kronfleisch* (das in den »Kronfleisch-

küchen« fein zubereitete Zwerchfell vom Rind), die *Kutteln* (eßbare Eingeweide, vor allem der zerschnittene und gebrühte Rindsvormagen; der Augsburger und Nürnberger Kuttler hieß in München: Kuttlwamper), die *Grammeln* oder *Groimeln* (Grieben, die wohlschmeckenden und knusprigen Rückstände beim Fettauslassen, die bei den *Grammelerdäpfeln, Grammelpogatscherln* und *Grammelknödeln* Verwendung finden), die *Einbrenn* (stärker eingebrannte Mehlschwitze), der *Nisselsalat* (statt Feldsalat), der *Häuptelsalat* (bei Landshut »Häuplsalat«; es gibt »Salathäupl« und »Krauthäupl«), die *Paradeiser* (eigentlich Paradeisäpfel, vom bayerischen Wort »Paradeis« für Paradies, statt der vom mexikanischen tomatl abgeleiteten Tomate), das *Äpfelkoch* (statt Apfelmus), das *Grießkoch* oder *Grießmus* (statt Grießbrei), die *Kräutlsuppe* und die *Panadelsuppe* (vom lateinischen Panis), eine Bouillon mit Ei und geschnitzelten Semmel- oder Brotrinden, die *Wasserschnalze* (eine aus Brot bereitete Fastensuppe, die schwäbisch *Wasserschnalle* heißt), die *Pafesen* (eine wohlschmeckende Mehlspeise), nach den großen Schilden so benannt, die übrigens zur Ausrüstung des niederbayerischen Landaufgebots im Jahr 1507 gehörten (die »Schilde« sind hier Semmelscheiben), *Lebzelten* (statt Lebkuchen), auch die *Zwiebelzelten* sind ein feines Gebäck, und schließlich das *Powidl,* wie man ungesüßte, abseits vom Feuer zu Mus eingedickte Zwetschgen nennt.
Mit Safran überstreuter *Brein* (Hirse) ist ein Kirchweihessen. Brein und bayerische Rüben kamen einst auf die fürstliche Tafel. Bei der Landshuter Hochzeit Herzog Georgs des Reichen mit Polenprinzessin Hedwig im Jahre 1475 wurden sechs Scheffel Brein verbraucht.

Auf bayerisch heißt es:
nicht Eigelb, sondern *Dotter,*
nicht Kastanien (wenn es Edelkastanien sind), sondern *Maroni* (»Kaufts heiße Maroni!« rufen die Münchner Maroniverkäufer nachgewiesenermaßen schon seit 1500, also ungefähr seit der Entdeckung Amerikas),
nicht Petersilie, sondern *Petersil* (männlich wie im Griechischen; vergleiche den Absatz über die Genusbildung),
nicht der Krem, sondern *die Creme,*
nicht Nachtisch, sondern *Nachspeise,*
nicht am Grill, sondern am *Rost* (engl. grill = rösten, Rost),

nicht Mostrich, sondern *Senf* (süßer oder französischer),
nicht Stulle, sondern *belegtes Brot* oder *zusammengelegtes Brot* (scherzhaft »Doppeldecker«),
nicht Schnapsgläschen, sondern *Stamperl* (verwandt mit *Stempen* für kurzen Pflock, Pfahl oder Stock; tschechisch: štěp; kleines ungestieltes Trinkglas).

Ihr bayerischen Wirte, stellt wieder eine *Ganserlsuppe,* eine *Leberschöberlsuppe* und eine *Zwudelsuppe* auf den Tisch, ziert eure Speisenkarten wieder mit *Fleischkrapferln, Schinkenwandeln, Mandelkren, Fürstenkoch* und *Schodo, Weinstriezeln, Schmalzrosen* und *Zwetschgenpafesen* – dann macht ihr eueren Gästen das Wasser im Mund zusammenlaufen!

Eine europäische Speisenkarte?

Eine europäische Sprache könnte vielleicht das Esperanto sein. Aber soll man Kässpätzle und Apfelstrudel esperantistisch umtaufen? Wohl kaum. Niemand würde auch im Ernst behaupten wollen, daß niederdeutsche und preußische Benennungen europäischer seien als bayerische! Wir haben zwar solche Behauptungen vertreten hören, wir haben sogar ihre gesetzliche Verankerung erleben müssen, wir haben aber auch Beweise genug erbracht bekommen, daß diese Behauptungen unhaltbar sind. Warum sollte ein Bayer, zumal ihm die Wissenschaft recht gibt, nicht ein wenig Mut zeigen? Je weiter der Zusammenschluß Europas fortschreitet, desto mehr verblassen die unnatürlichen Einheitsstaaten, die das Heilige Römische Reich am Anfang des neunzehnten Jahrhunderts ablösten. Niemand wird bestreiten, daß das Vorhandensein der Schweiz oder Österreichs ein Glück für Europa ist. Und es könnte für Europa ein Glück sein, daß es Bayern gibt. Die Erhaltung der bayerischen Sprache ist die Erhaltung eines Teils der Freiheit in diesem Lande. Wer aber begäbe sich freiwillig seiner Freiheit?

»Darum ist es höchste Zeit«, wie Max Dingler sagt, »einzuschreiten, ehe das kostbare Gut unserer Sprache weitere nicht mehr gutzumachende Schädigungen erlitten hat. Ablehnung und selbst Angriffe dürfen uns nicht abhalten, der Gefährdung von Kultur und Sprache unserer überfremdeten

Heimat – auch auf einem so belanglos scheinenden Teilgebiet – entgegenzuwirken. Nicht nur jene, deren wahre Interessen wir damit verteidigen, werden es uns danken. Die Heimat selbst wird es uns danken!«

Das vernordete Münchner Beispiel macht indessen Schule: Aus dem tiefsten Niederbayern kommen seit 1964 Konserven mit »Roten Beeten« und »Rotkohl«. »Meiers Sahne (aus dem Rottal), das ist Sahne!« Wer seine Sprache nicht schnell ändert, wird zum Sonderling gestempelt. Diese Fälle zeigen aber noch etwas anderes: Die Sprachzersetzung geschieht in der Bundesrepublik planmäßig, binnen zweier, dreier Jahre, dank der Hilfe aller Mittel der Massenbeeinflussung. Das gibt zu der Hoffnung Anlaß, daß es – falls Bayern wieder über sich selbst bestimmen kann und von Männern regiert wird, die über sich selbst bestimmen wollen – auch einmal umgekehrt kommen kann.

Schlußwort

Seit Max Dingler von seiner Sorge um die bayerische Sprache redete, haben sich die Zeiten geändert. Nicht so, wie sie es im Lauf der Geschichte auf eine wachsende und wechselnde, im Bilde der Schöpfung vorgezeichnete Weise immer taten, sondern in einer vernunft- und atemberaubenden Geschwindigkeit, oft unter Umkehrung aller Vorzeichen und Werte. Nach einer Umfrage aus dem Jahre 1966 wollen elf Millionen deutsche Bundesbürger (fast doppelt so viele Menschen wie die Bevölkerung ganz Schwedens) in der bayerischen Hauptstadt oder in ihrer Umgebung wohnen. Die Flutwelle des Zuzugs ist also erklärlich. Täuschen wir uns nicht: Das Bayerische in Bayern ist in Gefahr wie nie zuvor. Längst geht es nicht mehr ums Reinhalten, sondern ums *Er*halten. Die Städte werden hemmungslos industrialisiert, das Land wird noch hemmungsloser zersiedelt. »Nehmt hin dies Land!« hört man in Abwandlung des Schöpfungsberichtes locken, und es ist nicht ausgeschlossen, daß der Bayer in nicht allzu ferner Zukunft das Schlußwort sagen muß: »...dies Land ist hingegeben. Selbst Sprache, Flur und Stadt sind nicht mehr mein...« Nur, daß ihn dann kein bayerischer Gott in seinen Himmel laden wird, wenn er das irdische Paradies der Heimat verschleudert hat. Vorausgesetzt, daß er schuldig gesprochen wird.

Literatur

Adelung, Johann Christoph: Grammat.-kritisches Wörterbuch der hochdeutschen Mundart, 4 Bände, 1793–1801.

Aman, Reinhold: Bayerisch-österreichisches Schimpfwörterbuch, München 1972.

Aventinus (Johannes Turmair): Baierische Chronik, 1566.

Bauer, Josef Martin: Auf gut bayrisch. München 1969.

Bayerisch-österreichisches Wörterbuch, Teil I: Österreich, Wien 1963, erscheint in Lieferungen; Teil II: Bayern, in Vorbereitung durch die Kommission für Mundartforschung bei der Bayer. Akademie der Wissenschaften, München.

Bekh, Wolfgang Johannes: München in Bayern, Bayern in Europa. Vaduz 1969.

– Die altbayerische Speisenkarte. Sonderdruck aus »Gastwirt und Hotelier« Nr. 14, 15, 17. München 1965.

– Deutsche Dialekte: Bairisch. Tonbandreihe Internationes, Bad Godesberg 1974.

Bosl, Karl: Bayerische Geschichte. München 1972.

Dingler, Max: Denkschrift über die sprachliche Säuberung der oberbayerischen Speisenkarte. Volkstümliche Veröffentlichungen des Heimatpflegers von Oberbayern, Heft 3, 3. Auflage. München 1962.

Duden: Rechtschreibung der deutschen Sprache und der Fremdwörter; der Große Duden, Band I, 15. Auflage, Mannheim 1968.

DWA – Deutscher Wortatlas, herausgegeben von W. Mitzka und L. E. Schmitt, Band I, Gießen 1951.

Ebner, Jakob: Wie sagt man in Österreich? Wörterbuch der österreichischen Besonderheiten. Mannheim/Wien/Zürich 1969, Duden-Taschenbuch, Band 8.

Ebner, Johann: Wie sagt man in Österreich? Wörterbuch der österreichischen Besonderheiten, Mannheim 1969.

Freyberger, Laurentius: Baiwarisches und Barockes, Principia. Innsbruck 1941.

Hanrieder, Norbert: Der oberösterreichische Bauernkrieg. Neuauflage, Linz 1964.
Haushofer, Heinz: Wir Bayern. Berlin 1935.
Heyse, Joh. Christ. Aug.: Fremdwörterbuch. Hannover 1873.
Himmler, Gebhard: Zur Sprache des Aegidius Albertinus, München 1902.
Hubensteiner, Benno: Bayerische Geschichte. München 1972.
König, Werner: dtv-Atlas zur deutschen Sprache, Tafeln und Texte, München 1978.
Kranzmayer, Eberhard: Die bairischen Kennwörter und ihre Geschichte, Wien 1960.
– Die Namen der Wochentage in Bayern und Österreich, Wien 1929.
– Historische Lautgeographie des gesamtbairischen Dialektraumes (mit 27 Lautkarten in besonderer Mappe), Wien 1956.
Kretzschmer, Paul: Wortgeographie der hochdeutschen Umgangssprache, Göttingen 1918, 2. Auflage, Göttingen 1969.
Lachner, Johann: 999 Worte Bayrisch. München 1930/1981.
Lorenz, Willy: Allen Ernstes ist Oesterreich unersetzlich. Wien 1961.
Lutz, Joseph Maria: Bayrisch, wie es nicht im Wörterbuch steht. Bearbeitete Neuausgabe, Frankfurt/Main 1969.
Merkle, Ludwig: Bayerisch auf deutsch. Herkunft und Bedeutung bayerischer Wörter, München 1973/1982.
Mitzka, Walther: Bairisch. In: Wortgeographie und Gesellschaft, Berlin 1968.
Österreichisches Wörterbuch, Mittlere Ausgabe, herausgegeben im Auftrag des Bundesministeriums für Unterricht, 26. Auflage, Wien o. J.
Riezler, Siegmund: Geschichte Baierns. Gotha 1878.
Rosenberger, Ludwig: Adalbert Stifter und der Bayerische Wald. Neuauflage, München 1967.
Sanders, Daniel: Handwörterbuch der deutschen Sprache. Leipzig 1869.
Schmeller, Johann Andreas: Bayerisches Wörterbuch. Stuttgart und Tübingen, 1827–37. München 1872 (2. Auflage).
Schwind, Anton: Bayerisch von A–Z, Pfaffenhofen 1968.
Seibicke, Wilfried: Wie sagt man anderswo? Fleischer oder Metzger? fegen oder kehren? Landschaftliche Unterschiede im deutschen Wortgebrauch, Mannheim/Wien/Zürich 1972, Duden-Taschenbuch, Band 15.
Siebs, Theodor: Deutsche Aussprache, 19. Auflage, Berlin 1969.

Sillner, Leo: Bayerisch für Liebhaber. München 1968.
Spindler, Max: Die Grundlagen der Kulturentwicklung in Bayern. München 1949.
Steub, Ludwig: Wanderungen im bayerischen Gebirge. München 1862.
Tetzner, F., neubearbeitet von Erich Holtz: Deutsches Wörterbuch, Leipzig 1930, Reclams Universalbibliothek Nrn. 3168–3170a.
Ücker, Bernhard: Bayern, der widerspenstige Freistaat. München 1969.
– Rundfunkkommentare zur bayerischen Landespolitik, Manuskripte 1962–1972.
Wagner, Ludwig: Das Fremdwort in der Münchner Mundart, München 1937.
Weitershaus, Friedrich Wilhelm: Aus Küche und Keller in der Sprache der deutschen Landschaften, in: Der Sprachwart 16, 1966, S. 165ff.
Westenrieder, Lorenz: Historischer Kalender für 1802.
– Lob- und Ehrenrede des heiligen Erzmartyrers Stephanus... Frankfurt 1777.
– Glossarium germanico-latinum vocum obsoletarum primi et medii aevi, imprimis bavaricarum... München 1816.
Wolff, Ludwig: Landschaftliche Unterschiede in der deutschen Hoch- und Umgangssprache, in: Muttersprache 70, 1960, S. 105ff.
Zehetner, Ludwig: Beitrag zum Wort »Zeitlang« in: Zeitschrift für deutsche Sprache (de Gruyter), Bd. 22, S. 122ff.
– Bairische Mundartkenntnisse als Hilfe für das Verständnis des Altdeutschen, in: Blätter für den Deutschlehrer (Diesterweg), Jahrgang 1970, Heft 2.
– Bairisch. Kontrastiv. Sprachhefte für den Deutschunterricht.
Zibermayr, Ignaz: Noricum, Baiern und Österreich. München/Berlin 1944.

Wortregister